くいしんぼマニュアル

大田垣晴子

くいしんぼマニュアル

くいしんぼマニュアル　もくじ

絵と文（カバー・本文）
大田垣晴子
タイトルレタリング
小宮山博史
ブックデザイン
日下潤一＋長田年伸＋浅妻健司

和食

其ノ一 そば

そばはごく庶民的な食べ物である。
しかし、そば喰いには江戸っ子の美学があると思う。
そばは粋に「ずずっ」とやりたいものである。

立ち喰いそば
出前そば

そばなんてどこでも食べられるものだけど、やはり手打ちできたてをそれなりの雰囲気の店で食したいものだ。

わたしのつらい思い出
ドキドキの初デートの時
めんが固まったもりそば

かじるようにくうべし!!
デートにそばはダメ

そば屋に入ったら、まず きゅっと一杯ー
が粋でしょう。
この時の肴は
板わさ、玉子焼きなど。
そばみそは
ちびちび飲む
のにより肴
ちょっと食べで
があるのは
天ぷら
(天ぬきともいう)
以前
そば屋で
トックリが
空になったら
横に
たおすのが
粋です
外国人にニッポン
の粋を教わった
仕事のあとの
一杯!!
たまりま
せんねー
すいま
せーん
もう
一本!!
しかし!そば屋で長居は禁物。
きゅっと飲んだら、
さっとそばを食べ
よう。シンプルにその
うまさを味わうなら
「もり」をたのむ。
酒肴は
メインの前の
アペリティフと
前菜、
という
気持ちで
そば屋はそばを
喰うところ。
「もり」と
「せいろ」は同じ
もの
「ざる」はのり
がかかってる

いただきます
そばの正しいたべ方
① そばを4、5本たぐり、
② 1/3位をつゆにつける
③ 一気にすすりこむ
ずずずっ
音はゴーカイに
④ かまずにのどの奥で香りとのどごしをたのしむ
ごっくん
⑤ さいごの一本まできっちり食べるのが礼儀
⑥ そば湯と薬味を注ぐ
ふぅ
わたしはかむほどおいしい田舎そばとか好きなんだけど じつは
薬味はそばの香りをころしてしまうと たしか海原雄山先生が言っていた
ふはははは…
⑦
ごちそうさま
薬味やつゆの分量は個人の好みでいいと思う
で、ぱっと店を出る。
ちょっと物足りない気もするがー
江戸っ子はすしとそばで腹をはらしちゃいけないのだ・・・・。

鍋 其ノ二

冬になると、
よっこいしょ
卓上コンロの登場!
鍋シーズンの到来となる。
湯気の恋しい季節です
はふはふとテーブルを囲んでつつく鍋はやはり寒い季節が似合う。
—一口に「鍋」といってもいろいろあって——。
石狩
カモ
アンコウ
ちゃんこ

もう、なんでもアリと
いうかんじ。
そう、鍋の具に
ルールはないのだ。
いろいろつめこんだら
「寄せ鍋」になる。
だから「やみ鍋」
なんて無茶なこと
もできる
わけで・・・
やったことないけど
しかし、
ルールがないからこそ、仕切る者が
出現する。
鍋奉行
ネギ入れる!!
その肉たべて!!
流儀も
いろいろ。
ぞうすいの卵はフタをする!!
そのまま半熟!!
鍋をキライなヒトはいない。
メイン(肉や魚)・野菜・ごはん(またはうどん)
を兼ねた万能食だし、
みんなで食べれば安あがり
だし・・・。けれど、実は
わたしはこういう鍋が
あまり好きじゃない。
さいごの具がデロ～ッとした状態がとてもいや

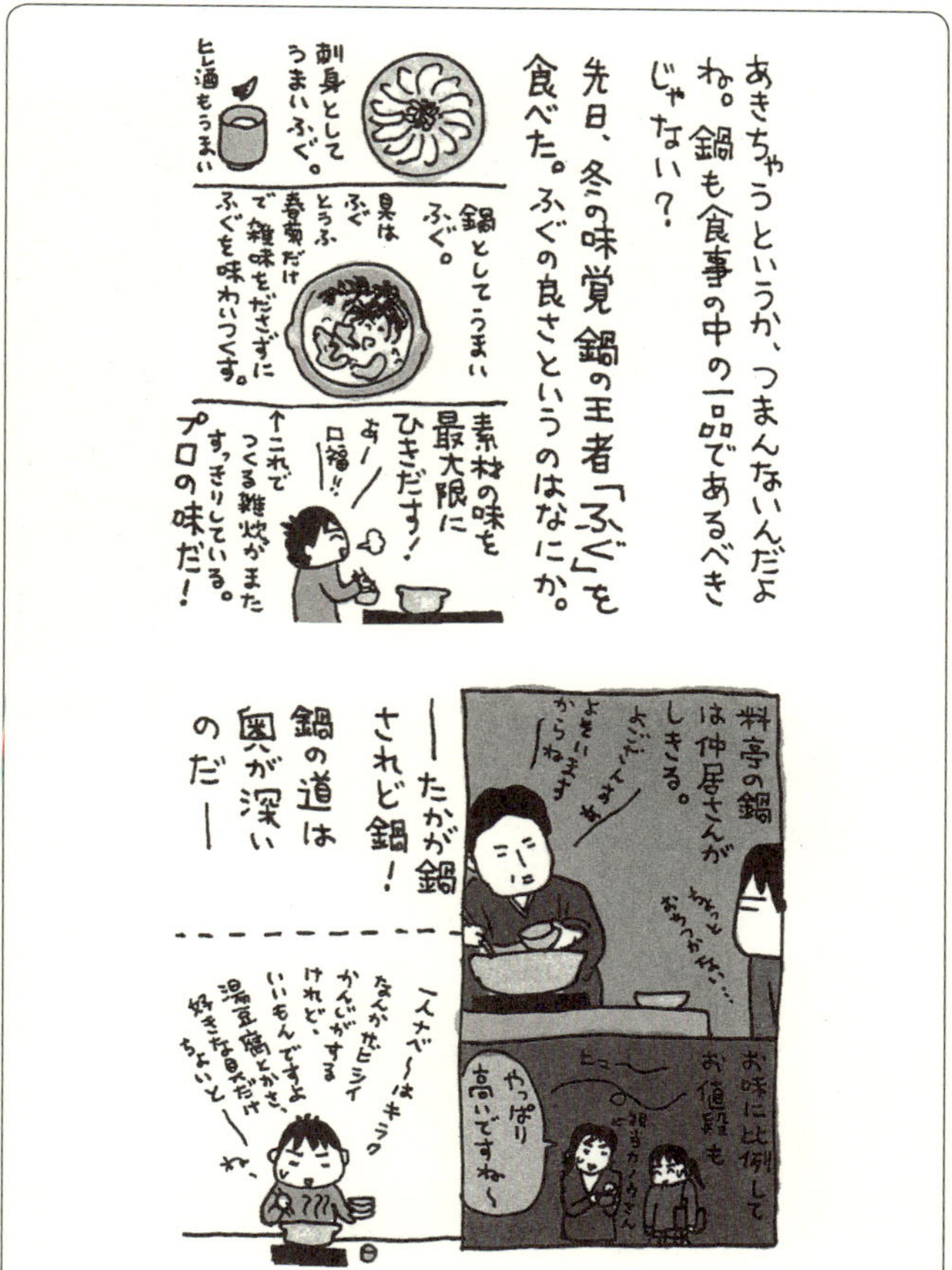
あきちゃうというか、つまんないんだよね。鍋も食事の中の一品であるべきじゃない？
先日、冬の味覚鍋の王者「ふぐ」を食べた。ふぐの良さというのはなにか。
刺身としてうまいふぐ。
ヒレ酒もうまい
鍋としてうまいふぐ。
具はふぐとうふ春菊だけで雑味をださずにふぐを味わいつくす。
素材の味を最大限にひきだす！
あ〜口福!!
↑これでつくる雑炊がまたすっきりしている。プロの味だ！
料亭の鍋は仲居さんがしきる。
よそいますからね〜
お味に比例してお値段も
ヒュ〜
やっぱり高いですね〜
一たかが鍋されど鍋！鍋の道は奥が深いのだ一
一人ナベ〜はキラクなんかボビシイかんじがするけれど、いいもんですよ
湯豆腐とかさ、好きな具だけちょいと〜ね、
???

其ノ三 寿司

(担当・カノウ)↓
初めての寿司屋は
ドキドキする。
その理由は
いろいろあるが——
へいらっしゃい!
ガラッ
↑まず戸を
開けるじゃない。
ドキ ドキ

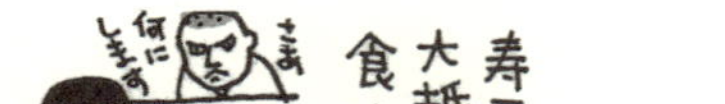
寿司というのは
大抵カウンターで
食するものだから、
職人さんと
対面しての
勝負(?)と
なるのだ。
まあ
何にします
ギロリ
うっ
ここで負けては
いけない。

じゃ、まず
つまみで…
貝、焼いて
もらえます？
うちは
スシのネタしか
ないですよ
あっ
じ、じゃあ
初めての
寿司屋は
勝手が
わからない
あの…
タコと
平目を
……
あっ
平目の時価って?!
ビクビクする
カノウ
そして寿司は
値段が表示されて
いないことが多い。
ちょっと気になるが、
せっかくおいしいもの
を食べるんだから、
この際忘れましょう。
予算に余裕をもちましょう
わたしの寿司屋の食事の仕方は―
はじめに
酒と肴
三〜四品。
チビチビと
たのしむ
このひとときが
好き

で、その後に六～八カン握ってもらう。
ここで悩むんだよね
旬ネタを知らないとたのしめない気が……
とり貝
貝類好き
ひらめとか白身もいい
イカ
歯ごたえあるもの好きなのだ
う～ナニを選ぶか～
通常一ネタ二カンだからせいぜい四ネタしか食べられない
甘エビ
トロりとして…
トロは中トロかあぶった大トロがおいしいと思う
イワシ
青魚も大好き
ウニ
ミルク…
順序としては淡白な味↓こってり味。でも食べたい順でいいと思う。
アガリ（お茶のこと）
寿司は空腹を満たすものというより、その空間、時間と食材をたのしむ場。ぜひ行きつけの店をつくりたいものだ。
マンゾク
マンゾク
ほーっ

其ノ四 うなぎ

土用のうなぎ……七月二十日前後に
暑気払いとして、スタミナづけに
食べます。

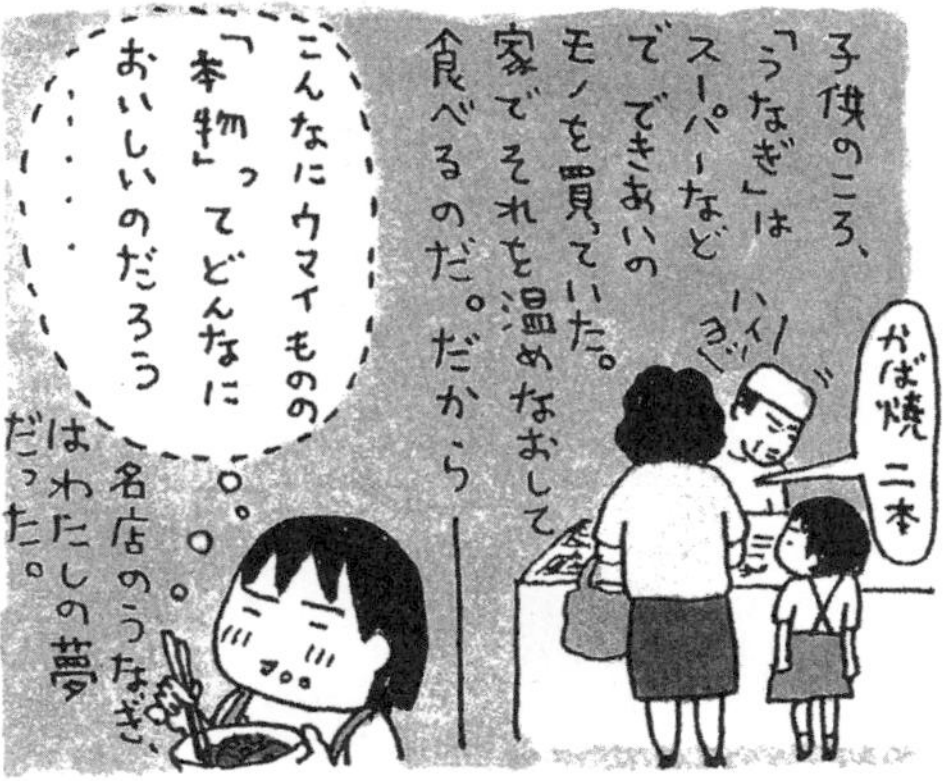
子供のころ、
「うなぎ」は
スーパーなど
で できあいの
モノを買っていた。
家でそれを温めなおして
食べるのだ。だから
かば焼 二本
こんなにウマイものの
「本物」ってどんなに
おいしいのだろう
……
名店のうなぎは
わたしの夢
だった。

で、
さーオオタガキさん 念願のうなぎですよー
担当・カノウ
老舗
いや、それは子供のころで…
うなぎくらい食べたことあります
もう大人ですから ふふ
とりあえずビールおねがいしまーす
↑でもうなぎにときめくわたし
白焼きも食べたい!
ところで、うなぎというのは
時間のかかる食べ物だ。
(40、50分は待つ)
注文をきいてからさばき始めるから
らしい。(さばく↓焼く↓蒸す↓たれで焼く)
手間がかかるのだ。
だから
↑こういうものを
肴にちびちび
やりながら
待つのは
うなぎの美学。
にこごり
つけもの

わさびじょうゆで食べる
ようやく運ばれる白焼き
きも吸い
天然モノは、中につり針が入っていることがあるらしい!
ふんわりやわらか そしてけっこう あっさりしてます
そして真打ち登場!!
ご飯
かば焼
ああこのトロリと口中に広がりホロリとくずれるかんじ…
うなぎのうまさはそのコッテリかげんと
……タレ!
あの甘辛ダレにあるのだと考えるわたし。
うっとり
ごはんとぐちゃぐちゃにまぜるとおいしいんだよね〜
ほんとうにうなぎの味わかっているんですか〜
—とにかくうなぎで満足。
なんかスタミナついたかんじ
コーフンしてきました
単純に効くカノウ
夏はうなぎでのりきろう

其ノ五 懐石料理

懐石は本来、
茶の席で出される
簡素な食事の
ことでした。
それが高級化したのが現在の
懐石料理。日本料理のフルコース
といったところです。

食べに行きましょー
あの店に!?
担当カノウ

スタンダードな構成は――

【先付】季節ものをちょこっと、
のつき出し。

【八寸】
オードブル盛り合わせの
ようなもの。元は八寸四方
の盆に盛ったのでこの呼び名に。

ちまちま食べられる八寸は酒の肴にうれしい
続いて「煮物椀」
お吸い物っぽい
これでお腹をおちつける
「お造り」↓「焼き物」↓「揚げ物」
（この3種がメインといったところ）
煮物のあとに「向付」、メインのあいだに「蒸し物」がさらに加わることも
わたしはお酒が好きなので
ゆっくりとこれらを食べるのは楽しいのですが——
ゆっくりのったり
たべてのんで
日本食好きでも好みがわかれる…。
飲まない人には、
おかずばかりで
ごはんがほしい〜
そして男性の中には
ちまちまちまと!!
どかっとだせ!!
量に不満をもつヒトもいる。

―で
「止め椀」
「ご飯」
「香の物」
つまり「ご飯セット」
お吸い物
ごはん
おつけもの
(季節の炊き込みごはんとか)
ふ～
マンプク…
最後は「水菓子」
メロン―とか果物がだされる
―以上です。
懐石とは高級であるだけでなく、もてなし料理であるべきなんだよねー
だから
味が良いのはもちろん
季節感を大切に
器も美しく
目でも楽しめる
料理を出すタイミング
まだたべてるのに下げる
仲居さんの接客態度
立ち話
フレンチでいえばギャルソンだ
いかに有名店でもそれは基本だと思う
ねっ
はい…

其ノ六 クジラ料理

クジラ漁
こんなふうだったらしい
クジラ、食べたことありますか？
わたしはしらなーい
'74年生まれのイモウト
80年代初めまでは庶民的な食べ物だった。
――と言っても給食以外で食べたことないけれど…。
給食のハナシになると必ず登場するなつかしの味
担当カノウ
クジラの竜田揚げ！
うちのガッコウはみそ煮込みだった
現在は捕鯨禁止となっております。
しかし、あるところにはあるもんなのですなあ。

これはセミクジラ

確かに「食用」目的の捕鯨は禁止されている。
けれど「調査用」なら？
そう、今「クジラ肉」として売られているのはこの「調査捕獲」されたものなのだ。
なんかギマン？
いやいや、ご供養のためにもおいしくいただかねば……ってこじつけ？

いただきます

だから、というわけではないが、クジラはあますところなく食される。

クジラ珍味いろいろ

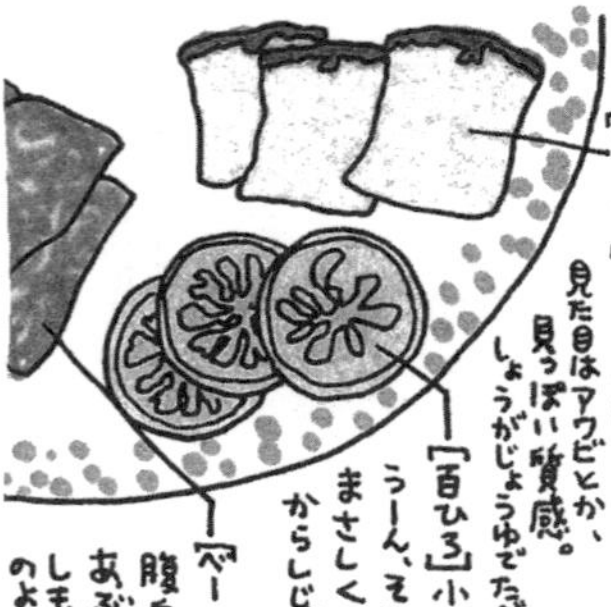
【サエズリ】クジラの舌。
見た目はアワビとか、貝っぽい質感。
しょうがじょうゆでたべる。
【百ひろ】小腸。
うーん、そういわれればまさしく腸の輪切り。
からしじょうゆで。
【ベーコン】
腹身の肉はあぶらがのってしもふりの牛肉のようにみえる。

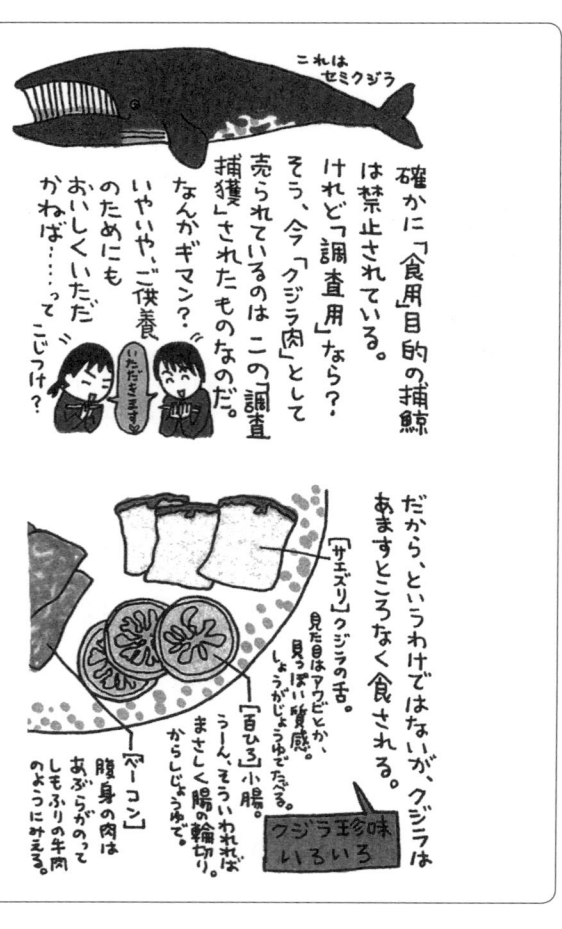

うーんふしぎな食感
魚でなく肉でなく
刺身は赤身、半冷凍で。
馬刺しのような…
くじら肉の当座煮
あ、これマグロのおつまみみたい
こういう
ちょっとだけ魚っぽい?
味はー、けっこう脂肪が多いんだけどそれが「肉」クサくなく、うーん、「クジラ」ってかんじ。
じんぎすかんのクジラ版、鯨じすかん
油ハネがすごい
ぱちぴちぴち
とにかく海の王者っすよねー
海に生息しているとはいっても
やはりホニュウ類!
肉〜っという歯ごたえ。
からあげ

其ノ七 天ぷら

「天ぷら」ってヘンな名前だよね。
一説にはポルトガル語の
"TEMPORAS"が語源
というけれど。
"TEMPORA"ってどういう意味かというと
「カソリックの金曜日の祭」
(お肉キンシの日だそう)
……よくわかりませんねえ。
ま、日本のフライ、のことです。
あのチャップリンも「テンプラ」の大ファンだったとか…
家庭で作ると衣、火の加減などむずかしいもの。

天ぷらとは職人技の冴える料理！
担当カノウ
以前行った店では…
ビールのみながら天ぷら食べていたら
すみませーんもう一本！
料理人に
うちは天ぷら屋だから
ビールは二本まで
キッ
おこられた
ま、ふつうそこまでキビしくないだろうけど
天ぷらは味のわかるオトナのたべもの
カウンター越しの真剣勝負だ！

ーてわけで天ぷら屋へ
入りますよー
はいっ
いらっしゃいませー
カウンターで揚げたてを食べるのだ
ーがまずは
付き出し
ビール！
やっぱり
揚げものにビールは合うもん

車エビ
衣はサクッ 中はプリッ
エビ好き
天つゆ、大根おろし、塩、すだちなどが薬味として添えられる（カレー粉とかも使うことがある）
レンコン
シイタケ
野菜の天ぷらは歯ざわりが楽しい
メゴチ
サカナは白身がホコッとしてオイシイ
オジさんが教えてくれる
これはシオでたべた ええかいです
すでに日本酒のんでいる
ホタテ
中が半生でムッチリ
ふきのとう
シメは天茶（天ぷら茶づけ）か ミニ天丼でー
あっさりしていてうまい
天ぷらって、季節を味わう素敵な食べ物
ごちそうさまでした！
はー まんぷく

其ノ八 土佐料理

春、若葉の頃
ときたら
鰹《カツオ》でしょう。
そして、
カツオといったらたたき。
たたきといえば土佐カツオ！

本当は春の初ガツオより秋の戻りガツオの方が脂がのっておいしいといわれるけれど
季節の到来を愛でてたのしむことに意義があるのだ

ってことで
高知へ行きましょう
そんな予算はないです〜っ
担当
カノ
ちょっ
とにかく！土佐料理を食べましょう

わたしは高知に行ったことないんだけど
坂本龍馬とか
ジョン万次郎
豪快な人物の出身地
イルカやクジラがいる海
大自然
美しい四万十川
魅力的な土地ですね
そしてたのしみは
お品書き
やっぱり食べ物!!
さあくうぞーっ
まずは土佐名物[皿鉢《さわち》料理]
ドーンとひと皿にいろんなものがのっている
・かつお・たい・ひらまさ
・つぶ貝・ちゃんばら貝
こういうの
こういうの
・卵巻き
・かもの八幡巻き・かぶ・カニ
・エビ・たいのこ(卵)・サバ寿し
・さつまいも…などなど

土佐のお祝い料理で、まあ「おせち」みたいなものですね。何でも入っていて。
ふかしたサツマイモ…これは料理か？
市場ではヨーカンなども入ってるらしい↓
刺身あり 煮物あり 寿しあり……
この一皿でマンプクしてしまいますね…
他の名物もたべてみましょうねっ
「どろめ」
カタクチイワシの稚魚
ナマのシラスみたい
ちゅるっとしたのどごし
「四万十の川のり」
さわやかなのりの香り
「まんぼうの天ぷら」
水っぽい白身魚
他にも
川エビとか
海のギャング うつぼ
とかもたべるらしい
おいしいってゆーかー めずらしいというか、う～ん
結論── 名物はその土地でたべてこそ!!
それなりに楽しいが!!
けこうマンゾクしましたよ

其ノ九 沖縄料理

コレってなんでしたっけ?「こまいぬ」じゃなくって…
担当カノウ
「シーサー」です! 沖縄の魔除けで一家に一対あるのだ
屋根の上におくの

沖縄……いいよねぇー
ああ、よく中央線N駅の沖縄居酒屋でのんだくれてるそうですねー
オキナワにだって行ったことあるもんっ
ばっ!!
沖縄の魅力――
それは本土とは異なる文化、伝統。
美しく豊かな南国の自然。

熱帯の植物
華やかな建築物
青い海
船に酔う
わたし
おえっ
そして独特な食べ物!!
ラフテー ミミガー!
テビチ! イラブー
チャンプルー
ナニ?
…言葉だとわかりませんね。
実際に見て食べないと!
では!沖縄料理屋に行きましょう!
「ラフテー」かつおだしで煮こんだ角煮
コンブ
「テビチ」(豚足)
コンブ
「ミミガー」(豚の耳皮)
このように豚を余すところなく料理!
腸は汁物の具になる「ナカミ汁」
オキナワの人の長寿のヒケツ?!

「チャンプルー」
野菜などを
卵と豆腐と
一緒に炒めたもの
ゴーヤー（にがうり）でつくれば「ゴーヤーチャンプルー」
ナーベラー（へちま）でつくれば「ナーベラーチャンプルー」
豆腐もいろいろ料理に使われる
「ジーマミー豆腐」
落花生豆腐
ぷる ぷる
酒肴に外せないのが「豆腐よう」
2cm角の発酵豆腐
チーズのような舌ざわり
味がこいのでチビチビくう
「スクガラス」
3cm位の稚魚の塩辛が豆腐にのっている
「イラブー」っていうのは海ヘビ！
高級料理らしい
沖縄の酒 泡盛
アルコールは強い
ぐびっ
それにしても不思議な方言ですよね
（ロックか水割りで）
「もとは琉球」という別の王朝。
だから中国のような日本のようなところがある。
シメはそば。
かつおだしでめんは中華。
うまい
沖縄料理店には琉舞をみせてくれるところがある。
陽気な曲と舞
なかなかたのしいです。

其ノ十 スッポン料理

担当カノウ
鍋の季節になりましたねー
近ごろ疲れ気味 精力つけたいですねー
神奈川のりこ
……
ということで、
にゅう〜
スッポン!!
あの、生き血のむやつ?
え
カメってグロテスクなカタチですね
喰わずギライの多い二人
つべこべいわずに たべるよっ

昔、スッポンはあまり上等な食べ物とはいえず、ナマズにも劣るとされていた。それが江戸時代後期、「鍋」という料理法が確立して、高級料理の仲間入りしたのだそう。
スッポンの発祥は関西。だけど鍋は関東が始まり。
それではさっそく…
フルコースで――
これか・・・・
赤くてドロリ
スッポンの血
イ～
ん？
リンゴジュースでわっているから血の味がわからないです
たんのうは苦いのでかまずにのみこむ
ゴク
たんのう
スッポンの卵
カリン酒にひたしてあって、
ビオフェルミンみたいな味？
（整腸剤）
かむと
粉っぽい舌ざわり
お次は刺身――
わさびじょうゆか
おろしぽんずで

薄造りだけど
脂身の多さに
おどろく。
赤身
腸
脂身
肝
脂身
苦手…
あ、でもクサミが
なくてたべやすい
肝も
クサミ、
苦みの
ない
まろやかな
味
赤身は
肉と魚の
中間みたい
腸って
ゴムみたい
味ないです
すだち
唐揚げ。身の少ない鶏肉
のよう。
メインの
鍋
澄んだ
スープ
ヒャ～
手だ～
ブリの皮
のような
ゼラチン質の身。
プリプリしているけれど
味はあっさり。
身をたべたら
野菜を入れてたべる
ゴボウ
シメジ
ネギ
春菊
シメは残った
スープで雑炊
滋養たっぷり
まんぷく～～
一匹まる
ごと堪能
しました
～！

其ノ十二 ワインで和食

新年!!
ってなんかトキメキますよね。
おめでたい
今年は二〇〇〇年、ミレニアムだし
なに食べようか～っ
…そうですね

ミレニアム記念ボトルのシャンパンって話題でしたね
華やかでいいですねー
90年代ってワインブーム
でしたねー
次は…
いやいや
ワインってブームになったけど
まだ本当の楽しみを理解できていないのでは?

ということで
和食？
高級割烹って!?
ワインと和食の出会いを楽しみましょう。
近ごろはすしや日本料理の店でもワインを揃えているところがけっこうあります
まずシャンパンで
食前に、この冷たい発泡が心地いいですよね
食との相性を感じるためにワインはバイザグラス。
※（グラス単位でワインを注文すること）
[前菜（八寸）]…ワインは〈シャブリ〉
生がきに合わせるワインでポピュラーです
キレがよくフレッシュな辛口の白
↑一口大の色んな味が盛られている
くせのある肴の味もサラリと洗い流してくれる
[椀盛り]に続いて
煮物
汁物

[お造り]に…〈キャンティ〉イタリアワイン
お刺身
魚介には白ワインが定石と思われてますが
赤、フルーティでエレガント
味の濃淡がくっきりしますね
……料理も味の濃いものが出されてくる。…それにはワインも酸と渋みのしっかりした赤を。
[焼き物]
[蒸し物]
[揚げ物]
〈ボルドー〉
和食の脂っこさに合う。
――この後はご飯。これにはお酒は合いません。
ふう〜っ
っとお腹がおちついたところで――
[菓子][水菓子]…ここでデザートワイン!
和菓子
果物
〈ミュスカ〉
フルーツに合う甘口のワイン
〈ソーテルヌ〉
貴腐ブドウの甘口ワイン
まさしく口福!
酔ってまーす

其ノ十二 野《や》禽《きん》獣《じゅう》料理

本格的に寒くなってきましたね
担当カノウ
ジビエの季節到来です！
ジビエ？ってなんです？
野禽獣のこと!! シカとかウサギ キジ、カモ…
野生動物を食べるってこと？
ソウ!!
冬のフレンチはこれが楽しみで…
何で「冬」なんですか？
狩猟期間が冬に限られているものが多いから

じゃあ今回は
そう!
冬の味覚
日本のジビエを!!
店先に吊るされていたイノシシ
うわっ
日本でもクマ、シカ、イノシシ、キジなど昔からごちそうとして食べていたらしいです。
まず「ぼたん鍋」
イノシシ肉の鍋ですね
やさいなど
脂身がぶ厚いですねー
にく
野生動物は寒さに備えて脂肪を貯えるから
スキヤキ風の濃い味つけ
ぐつぐつ
脂身が煮ると縮む姿がボタンの花のようなので、「ボタン肉」と呼ぶらしい。
他にも諸説アリ。

くさみもないし、柔かい肉ですねー
だけど牛・豚にはない風味ですよね
肉に甘みがある
お次はシカ
山の神の使いといわれてますが
【刺身】
【竜田揚】
きれいな赤身! あっさりしてます 揚げても淡白な肉ですね
野生の動物ってクセもなくっておいしいじゃない!と思っていたら――
【タヌキ汁】
トウフとミソ汁仕立て
くさーい
たべられないほどじゃないけど
雑食だからでしょうかねえ?
マトンをきつくしたような
それでも野生の力強さをおなかに入れると
カラダが
ポッカポカになります

其ノ十三 サクラ肉

四月！いよいよ春、花見の季節ですねー
それでもまだ肌寒い日が続きますよね
ヘアスタイルまたかえた担当カイウ

ならば、桜といっても

桜鍋

など、いかがでしょうか。

サクラ肉——
その肉色を桜に
例えてそう呼ばれるらしい
のだけど「馬」です。

サクラ？
馬肉
ヒヒン

「馬」って、何だか食べるのに抵抗ありませんか？
んー、でもフランスとかでは日常的に食べるみたいだよ
日本の肉食文化においても古いころから馬肉は使用されていたのだけど、
九州熊本や信州長野は馬肉が名産品の一つです
一般的にはあまり食されませんね。
でも
馬肉は高タンパク低カロリー食品！
（100g中）
タンパク質 カロリー
20.5g 125kcal 馬肉
12.4g 424kcal 牛肉 しもふり
16.4g 279kcal 豚肉 ロース
グリコーゲンも多いから美容にもいいって
それは！！！ですねえ
――で
実食――
ふむ
ほ～
これが
まず［馬刺し］
おろししょうが

刺し身ですが、
桜色？赤黒いですよね
かない
やわらかいし、クセもないけど
[たたき]
カツオのたたきみたいに土佐じょうゆ仕立て
新鮮な肉なんですがね、どっちかというと桜の幹の色?!
肉らしいけどさっぱりした味
「桜鍋」シンプルな具のスキヤキ
ネギ、フ、シラタキ、
脂身
溶き卵にくぐらせて食べる
濃い割下
薄い割下（だし）
これで味を調整
これは濃い味付け。
ごはんがほしくなるようなこってりさ
甘辛いよ酒にも合うと思うけど
あっさりとこってり、サクラ肉の味をたんのうして、
春の宵をたのしんで帰りましょう。
酔

其ノ十四 ネオ日本料理

日本料理
おわん
はし
米
フランス料理
フォーク
ナイフ
パン
インド料理
右手で
手づかみ
カレー

料理にはお国柄があり、調理法も異なるし、マナー、伝統もそれぞれにある。それは大切なことなのだけど——。今、「食」ってインターナショナルでしょう。

「食」に限らないけれどね
昨日和食だったから
今日はイタリアンって気分

食に国境なし。
……いいことじゃないですか。
いろんなモノ食べたいし
しかし、国外では入手できない
食材というのもあるだろうし、
実は、なじみのない味って
うけいれられにくかったりする。
西欧料理だって、日本に
入ったばかりの頃は
敬遠されていたハズ
バテレンじゃ
で、それは日本人好みに変形して、
「洋食」として
日本人に愛されるように！
オムライス!!
コロッケ!!
お国かわれば
料理も変わる!!
——ということもあるのだ。
「洋食」は完全に日本のモノ
として変化した「食」だけど
ふーん
担当カノウ
その特性を生かしつつ、別の要素
を加えた新料理。
日本料理だって！

西アメリカ風フルコース（懐石？）になると――
上品ですね
日本に逆輸入！
SASHIMI
チリソースで食べる白身。南米テイストをミックス
ゆず風味ソースで食べる肉
これはわりとわかる味わい
STEAK
のりが内で米飯が外側に巻かれている!!
アメリカ人にはのりが紙にみえて、食欲がわかないらしい。ので内側にかくす。
コレはペーパーですかー
SUSHI
新感覚の料理になるのですね。「食」の国際化新世紀です。
合わせるのはSAKEでもWINEでも
ロスの芸能人に大人気らしいですよ
日本料理ってヘルシーですもんね

其ノ十五 信州の味覚

信州……
長野の食文化ってどんなものでしょう?
軽井沢
ソフトクリーム!!
避暑地の思い出
担当カノウ→
ちがうっ

長野は海がなく、山に囲まれた土地
今は立派な県ですが
日本海
長野県
太平洋
自然もきびしく
交通の便もよくなかったと
はぁ

しかし
山あいの土地だからこその美味
岩魚などの川魚
山菜いろいろ
保存食文化も発達しています。
信州味噌
野沢菜漬
凍り豆腐
など
馬肉も有名
馬さしとか鍋にしたり
サクラ肉ですね
「馬を食べる」って長野と熊本あたりだけなんだよね。
なんでだ
寒さのきびしい土地での知恵といえるでしょう
で、
極めつけ、信州名物珍味!!
ギャア!!
コレ
えっ

マタタビの実 塩漬
イモ虫状態
ちょっと成虫っぽい黒いやつ
ハチノコのつくだ煮
イナゴ（バッタ！）のつくだ煮
ビビリッ
山村では貴重なたんぱく源だったんだと思うよ
マタタビは強壮剤になるっていうし
ちょっとコワイ
あ たべたっ
つくだ煮って甘辛くて味なんてどれも同じようなもんじゃん！エビみたいなもんだと思えば…
ゆでただけのものもたべるらしいが
マタタビはオリーブみたいでいい香り
マタタビってネコが好きなやつですよね
そう
信州の酒は甘口が多いみたい
酒
↗こういうのを肴にキューッと
ーそれから長野は寒冷地なので、稲作などには適さないんだけど、ソバの名産地なのだ。
戸隠そば！
つるりと
のどごしがいいです
ソバの花
素朴で滋養あふれる食べ物ー それが信州の味覚なのです。
ごちそうさま

其ノ十六 もんじゃ焼

「もんじゃ」は東京の下町発祥の食べ物で、「文字焼」が語源らしい。
もとはこういう子供の駄菓子であった
小麦粉を溶いた液を鉄板に流して焼く
文字をかいて遊びながら食べる
はじめてもんじゃを食べたときの印象は「お好み焼のゆる〜いの」。
具はお好み焼と同じようなもの
汁状の小麦粉溶いた液
ゲロみたい…に見えなくもないぐちゃぐちゃ
これってホントに食べ物？
ちっこいヘラでちまちまたべる
べちゃ〜

が、最近開眼!!
ビールのつまみにグッドです!!
もんじゃの焼き方
① まず具材だけ焼く
しんなりしてきたら
② 大きいヘラで刻む
③ 具で丸い土手をつくる
④ 中央に液を流す
⑤ 液に火が通ってきたら
土手を崩して
うすくのばす
小さいヘラで
で、
くう べしっ
②の刻みがポイントだな
刻みすぎてもいけないが
カッカッ
カッ
けっこう体力がいる
もんじゃの本場といえば東京月島です。
行こう
担当カノウ他4名
人数多い
ちがいろいろ
たべられる

月島は
もんじゃだらけ
てきとうに雰囲気のよさそうな店を選ぶ。
もんじゃ
自分で作るものだからそうハズれはないのでは？
もんじゃの具材選びは楽しい。カスタマイズオッケー。
明太
もち
チーズ
そば
すきな組合せ
イカ
ブタ
カレー粉
カレー味おいしいよ
ベビースタ
これがなかなか
ベースはキャベツの千切り
カノウはソフトな焼き加減が好き。
ぺっとり
が、すぐ火を弱めに来る店員
カチ
もしかしてカリカリは邪道なの？
わたしはカリカリにセンベイ状に焼いて食べる。
両面焼くのすき
パリッ
食べ方にルールなし。
おいしくたのしいもんじゃですが、スナック感覚
満腹感がないので
いつもシメにお好み焼追加してます。

其ノ十七 焼き鳥

そろそろ街はクリスマスムード一色ですね
ロマンチックですねえ
ホワイトクリスマスになるといいですぅ
担当

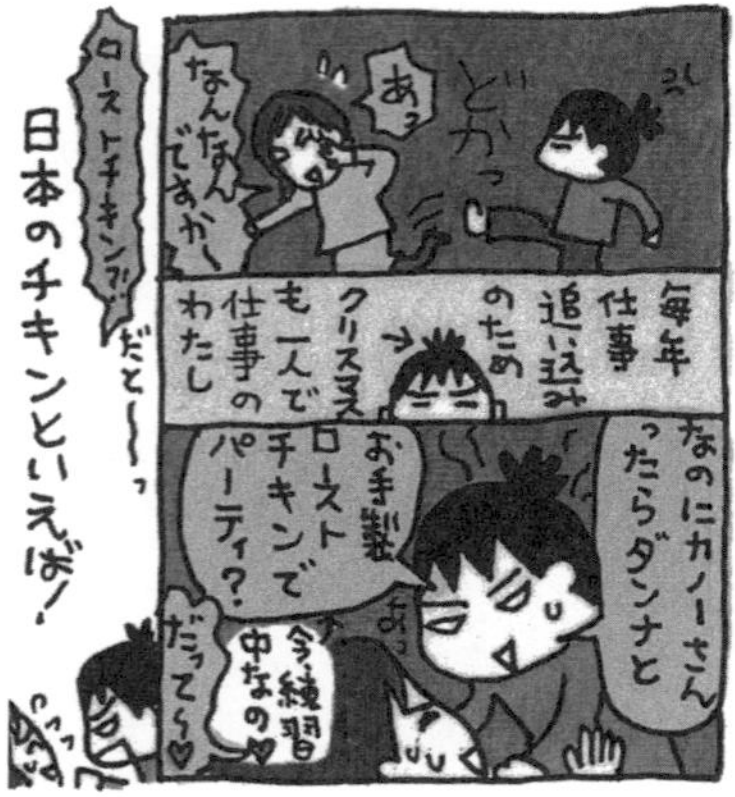
どかっ
あっ
なんなんですか〜
毎年仕事追い込みのためクリスマスも一人で仕事のわたし
なのにカノーさんったらダンナと
お手製ローストチキンでパーティ?
今、練習中なの♡
だってぇ〜♡
ローストチキン?!
だと〜っ
日本のチキンといえば!

焼き鳥でしょうっ
砂肝 ししとう つくね!!
しょぼっ
焼き鳥を侮るなかれ!
なにおうっ
安っぽい、おっさんくさいというイメージがあるかもしれないけど
この雰囲気けしてキライじゃありません
路上で客が飲み食いしているような
ビールケースの台
こだわりのある焼き鳥屋さん、けっこうありますよ。
店の調味料にもこだわり
へー、ワインに合わせる焼き鳥……
WINE LIST
メニュー
何より重要なのは味ですからね。
肉質と扱い、焼くテクニックで差がつきます

シャモとか
コーチンとか
わたしとしては
ハズせない
好きな部位
ししとう、ねぎ
など野菜焼
もバランスよく
とって。
皮
レバー（肝）
砂肝
ハツ（心臓）
手羽先
ニワトリも種類
によってうまみが
ちがう
内臓系大好き
さらに、
希少な
部位の肉
たまらなくうまい。
かみしめるほどに
あと、あまり見かけ
ないんだけれど
ぼんぼち（お尻の先）
とか
そり（ももの上部）
など
ささみ湯引き
肝刺し
サイドメニュー
も魅力。
いいよ、
焼き鳥。
冬には
お鍋で…
うまい
ですう
ねっ

其ノ十八 カニ料理

日本の冬の幸ーといえば
カニッ
でしょうか。
ドーン
某チェーン店の動くカニの看板
カニ……魅惑的だが高級なイメージ
カニ、心ゆくまで食べつくしてみた〜い!!と思っている人多いのでは
カニー
カニー
カニー
カニー
カニー
カニー

ひと口にカニといってもいろいろあるけどね
カニ～
担当ヤーウ
渡りガニ
鍋に入れるといいだしになる
アジア風に炒めても
上海ガニ
蒸して食べる
秋の味覚
日本人的にはこの三種!!
毛ガニ!!
タラバガニ!!
ずわいガニ!!
松葉ガニ、越前ガニとも呼ばれる
毛ガニは小ぶりなのでそのまま蒸したり茹でたり。
じつはタラバガニってカニじゃなくてヤドカリの一種なんだって
脚の数がちがう
カニ用のさじを使ってたくみに身をすくう
好みでカニ酢をつけて

ああカニの甘い味とかおりが……
てづかみで
たまりません〜
——が!!
きれいに食べきっちゃいけません
甲羅にカニみそをのこしておいて
酒
を注いであったためて——
甲羅酒♥
しあわせ〜
ふぃが〜と鼻腔にぬける
カニの香り
酒のつまみとして、三種の珍味も。
内子
糸状の(卵巣)
ちゅるりとして深い味
外子
(卵)
プチプチがたのしい
カニみそ
甘てねっとり
そしてカニ肉の最高の味わい方は!!
タラバやずわいを
しゃぶしゃぶ
さっと湯にくぐらす
甘〜トロ〜リ
炭火焼
うまみのがさず!!
香ばしジュ〜シ〜
↑どちらもすてがたく
↑うまいが
カニ食う時って無言になりますよね
夢中で

洋食

其ノ一 フレンチ

フランス料理というと、何か高級で、
格式ばったイメージがあると思う。
でも日本料理だって、家庭料理から
懐石のような高級なものまであるじゃない。
同じである。
その店、その店の雰囲気を楽しめばいいのだ。

ブラッスリーとか（仏流居酒屋）気ラクで好き。
手酌ワイン～
→もともと居酒屋系のざっけないくいものが好み

とはいっても、
よくわからないマナーがいろいろあるのだけれど

えーと
ナイフと～フォークと～

たとえば

左側から着席
ナプキンはヒザにおく
首にかけない
ワインをつがれる時手をそえない
食べている途中（八の字）
食べおわったら（二本斜めにならべる）
音をたてない
ずっ

まあ、「わたしはお客様」という気持ちで悠然とかまえていればいいと思う。ちょっと失敗しても、店員は丁寧で親切だし（インギンすぎるくらい）。

フレンチレストランという異空間を思いきり楽しもう。

ーとはいってもドキドキもする。ーそれも楽しい。
一応キチンとしたカッコウで行く。
気分がなんとなく盛り上がる

まずは アペリティフ（食前酒）

ウェイティングルームで（バーのようなもの）ここでふつうは待ち合わせる。
ふっかふかソファー
「キール」をのんでいる
（カシスのリキュールを白ワインでわったもの）

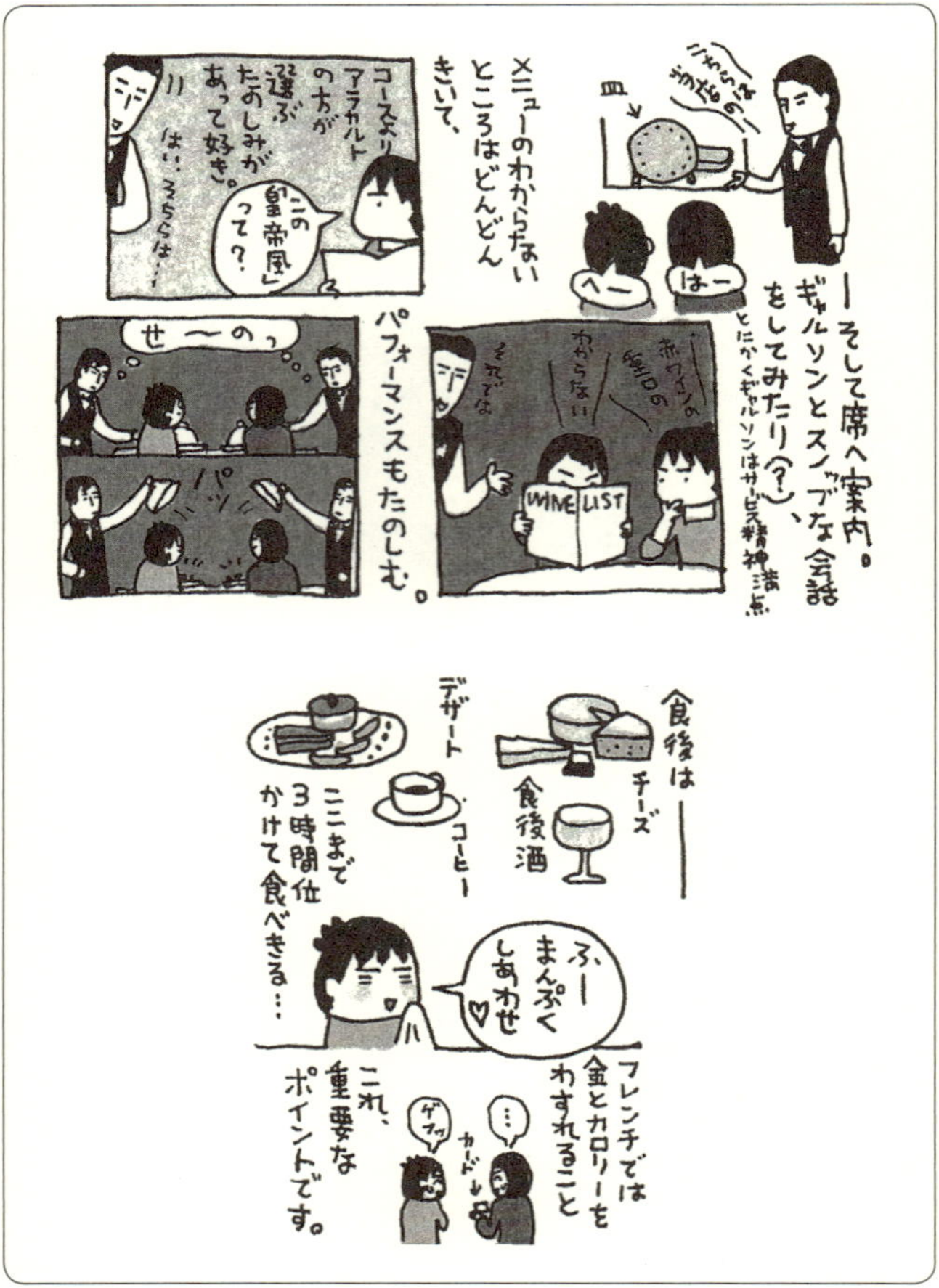
ーそして席へ案内。
ギャルソンとスノッブな会話をしてみたり(?)、
とにかくギャルソンはサービス精神満点
こちらは薄焼の～
皿
はー
へー
メニューのわからないところはどんどんきいて、
コースよりアラカルトの方が選ぶたのしみがあって好き。
この「皇帝風」って？
はい、そちらは…
赤ワインの重口の
わからない
それでは
WINE LIST
パフォーマンスもたのしむ。
せ～のっ
パッ
食後は――
チーズ
食後酒
デザート
コーヒー
ここまで3時間位かけて食べきる…
ふー
まんぷく
しあわせ♡
フレンチでは金とカロリーをわすれること
これ、重要なポイントです。
…
ゲフッ
カード

其ノ二 英国料理

イギリスーー
マザーグース
ピーターラビット
不思議の国のアリス
ロンドン
魅力的な国です。

食べ物では
アフタヌーン・ティーは豪華!
お茶の習慣!
↑ケーキ、
サンドイッチ
スコーン

スナック系なら
フィッシュアンドチップス

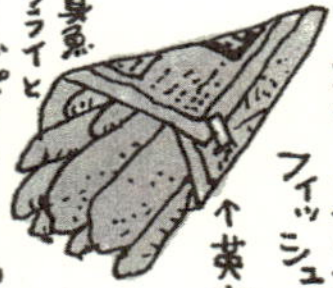
↑英字新聞でくるんでいる
白身魚のフライとフライドポテト

これに合うのは紅茶
よりビール!

?
有名なのはギネスビール
だけど
ぬるい??

常温で飲んだりする
アルコールはスコッチウィスキー。種類
が沢山あります。

東京にもこういうモノを楽しめる
店はけっこうあるのでうれしい。

ティールーム
優雅

パブ
くつろぎ

ゆったりした時間をすごせて、やっぱり
イギリスって素敵、と思います。
ーん? でもイギリスの
「料理」ってナンダ?

「英国料理」のレストランってめずらしい。

ー以下、わたしの感想と
考えですが・・・・・

担当カノウ
一応欧風コース、イギリスだもんね
メニュ

スープはポタージュ
原料
イモ・ニンジン
メイン
肉汁ソース
牛肉ステーキ
ベイクドポテト
ポテトプディング
なんか生のシュークリームの皮をたべてるような
メインに添えられた野菜（肉汁ソースでたべる）
インゲン
イモ
イモ
イモ
ニンジン
こうやってみるとさー
イギリスのごはんはデンプンと肉でつくられている。
カーツウのたのんだメイン
羊肉のシチュー
パイ皮でふたしている
羊肉ってクセがあるのだけどイギリスではポピュラーなものらしい。
レバっぽいです
メェ〜
だからとおなかいっぱく〜いになる
店内は本国の人らしき客がチラホラ
ーということは正しい英国の味なのだろう
私的にはそんなにおいしい♡ものではない。
でもデザートはおいしい。
シェリートライフル
生クリーム
お酒のきいたカスタード
英国のたのしみは食間、食後にアリ。
だな

其ノ三 ディナークルーズ

クルージング!
→タイタニック!!
わたし観ていないんだけど
あこがれますー
担当カノウ
そう?
屋形船なら乗ったことあるよ
あと連絡船とか
ド宴会!!
食事は天プラ(しかもイモ多し)がメインだった
船酔い
ザコ寝
船酔い
二等室

そんなショボイのじゃなくって——ゴーカなやつ!!
チッチッ
む
——というわけで、東京湾を120分かけてクルージングする豪華なレストラン船でディナー。
ちょっとおめかし
お客はカップル多し
年配の方も
夕暮れ時出航。
船は遅刻が許されない!!
まずはシャンパンで
カンパ〜イ
なにに?
ユーガですね
あ、動きだしたみたい
さすが大型船。揺れが小さく酔う心配なし。
ゴトゴトゴトゴト…

料理の方は——
もちろん
フレンチです
フルコースで
味はそこそこ
おいしい
フォアグラのテリーヌ
アスパラ添え
とか
フィレ肉ステーキ
ナントカ風
とか
オリジナル
デザート
盛り合わせ
ま、ここでの一番のごちそうは—
皿を運ぶ度に見どころを解説してくれる
美しい夜景！
しかし
スープをおもちしました
あちらにフランスから来た自由の女神が見えます
お台場名物
ライトアップ
小さいけど
ほんとだー
わー
羽田の方まで船はゆく。
ヒコーキ
ライト
空港だ！
レインボーブリッジ！
食事と会話にムチュウであまり景色をみなかったわたしたち…
あ、もう戻ったの？
ケンタイ期のカップルにオススメ…かも

其ノ二 英国料理

〽ヨーロレイヒ〜 の歌声の
スイス。思い出す食べ物といえば――
白パン
チーズ
ハイジの白パンにあこがれたなぁ
生チョコ
うまい
ほかにはうーんと
牛肉とか牛乳とか?
フォンデュでしょう
スイス風鍋料理
あー!!
わたし食べたことないんだー
――ということでスイス料理のお店に行きました。
じつはわたしはフォンデュというものにいいイメージがなく…
胃にもたれそうな料理だと…

まず前菜を食べる。
パン
〈フォアグラのお菓子仕立て〉
これってスイス料理？
というよりフレンチだよね
パン…
おいしい
そして〈チーズフォンデュ〉
チーズの溶けたもの
火
山のようなフランスパン
こういうフォークを使う
チーズをからめて食べるわけだけど――
…これは
主食なのか副食なのか？
あきますねー
パンいっぱい
フォンデュを食べる時には冷たい飲物はさけよう
胃袋でチーズが固まる
常温の赤ワインなどと楽しむのがベスト
フォンデュでいちばんおいしいのはチーズのおこげ。
こそげて食べると香ばしい。

そのあと魚料理。
〈スズキのソテー オレンジソース〉
これもスイスっぽくない一品ですね
で、肉料理。
〈オイルフォンデュ ブッフ・ブルギニョン〉という。
オイル
牛肉
ソースいろいろ
肉に火を通して、ソースを好みでつけて食べる。
スイス料理って実にシンプル。
つまり牛肉の串揚げだよね
このあと
〈サラダ〉
〈デザート〉
〈コーヒー〉
をいただいたのだけど
本来のフォンデュって
とても素朴な食事にちがいない。
コース料理のように気どっていなくてみんなでつつくなべのような
ハイジの国の料理だもんね

其ノ五 イタリアン

イタリア料理の代表といえば、スパゲッティとピザでしょうか。

どちらも好きなんですが

カジュアルな食べ物という印象がある。
(喫茶店でも見かける品だしね)

その気軽さがよいところでもあるんだけど。

一つのお皿をシェアして食べたり、

しかしイタリアンレストランにもタイプがいくつかあって、気さくで家庭的なのは「トラットリア」、

高級感があるのが「リストランテ」。
正式な食事、というと「フレンチ」がまず思い浮かぶけど、「フルコース」という形式はもとはイタリアから
メディチ家の娘さんがフランス王室におこしいれしたときに
入ってきたらしい。
それまではナイフもフォークも使われていなかったって
だからフレンチに勝るとも劣らない格式のある食事なのです
担当カノウ
リストランテでディナーは、特別な日にふさわしいですね
年末年始はイベントの多い季節。
大切な人と
ま、大切か
…
そーですよ〜
すてきなロケーションで
おいしいモノを！
なにたべようかなー
これは楽しい食事の基本です。
さて、イタリアン。メニューの構成はー

前菜（アンティパスト）←
オードブル
第一の皿（プリモピアット）←
パスタ、リゾット
第二の皿（セコンドピアット）←
魚・肉料理
デザート（ドルチェ）
……これが基本。
調理や味はフレンチなど
と大差ないんだけれど
セコンドピアットのつけあわせ（コントルノ）
サラダなど
オリーブとかバルサミコ酢が独特で、
甘エビのタルト オリーブとバニラソース！
これ一品で日本人ならマンプクできる
しかしイタリアンのコースの一部。メインはこのあとつづく
第一の皿として出されるパスタ！穀類、麺類好きの日本人としてうれしい一品。
うまら
パスタは百変化!!
カラスミと木の芽のスパゲッティ！
そしてシメのたのしみ、ドルチェ。これがすてきだと、
ジェラートとかティラミスが有名ですね
プルプルの「カラメルムース」
まんぞく〜なのだ。

其ノ六 ドイツ料理

和食洋食問わず、合わせる
飲み物は
とりあえずビール!!
——のわたしです。
ぷはっ
かわいたノドに冷えた一杯! たまらん
最近は輸入ビールや新しいタイプの
ビールがいろいろ出回っていますが、
もともとの日本のビールは
ドイツから技術を学んだものら
しいです。
あると
ビールに合うのは

ドイツ料理！
ってことでしょうか。
ところでドイツ料理ってどんなのですか？
担当カイウ
マンガ家カナガワノリコ
まず思いつくのは
ベーコンジャガ芋炒めのジャーマンポテトとか
ソーセージ類
居酒屋メニューでもみかけますよね
たしかにビールに合います
ドイツはハム、ソーセージだけでなく、豚肉をよく食べる国。
伝統料理「アイスバイン」
豚すね肉のボイル
つくだ煮
おっきいですねー
たべきれる？
骨つき肉なのででかくみえるが
やわらかくて肉がうまい
ペロリ
もとは肉の塩づけ。保存食だったもの

肉にそえられたキャベツの酢漬け
「ザワークラウト」の煮込み
これも保存食
肉に合う
このパンちょっとすっぱい！
「プンパニッケル」
ライ麦などの入った密度があるパン。センイ質多く、ハラ持ちがいいです
これも保存できるパンです
なんか保存食ばかりですね。
新鮮な食べ物もあるけれど
ドイツは冬が厳しいので貯蔵できる食品が必要
ドイツワインはやや甘口の白が多い。
フルーティ。
気どらず素朴に。それがドイツ料理の楽しみ方。
ビールもあまり冷やさずに飲むらしいですね
ドイツの陶製ビアマグ
フタ付き

其ノ七 キノコ料理

秋の味覚のひとつ、
例えば日本のキノコの王者と
いえばマッタケ。
キノコ!!

土瓶蒸し
炊き込みごはん
炭火でやいて
ゴーセーですな
他のキノコも
ナメコ汁
笠が大きい!!
味が格別に!
シイタケの含め煮
マイタケの天ぷら…
キリがない
たべた〜〜い
担当カンウ

でもキノコを たのしむのは 日本だけ じゃない。
たとえば フランス！
フランスといえば 高級な
トリュフ!!
フレンチ たべにいこー！
それもある
秋になるとフランスでは、レストランの メニューに「セップのスープ」が載る。どの店でもコレを おススメされる。 季節の一品 なのだ。
セップという キノコ の ポタージュ
「トリュフ」も年中出回っている ようですが、旬は11月。
くろくて ボコボコした 球形
このポロポロしている のがトリュフ
「フォアグラと里芋の ソテー・トリュフソース」
トリュフの 味ってよく わかんない ですよね
小さくて
旬のトリュフは のりつくだ煮 みたいな匂い がするよ
ホント
は？

キノコって不思議な形をしていますよね
笠が網状
歯ごたえや香りもそれぞれちがって
たのしい
ローカロリーだしね、
フィレ肉ソテー アミガサダケ添え
たいした栄養はなさそうだが、
漢方薬でもあるレイシ
シイタケは抗ガン物質を含むとか
体にとてもいいのだ。
しかし毒性の強いものもあるし
むやみに摘まないように
幻覚をみせるやつもあるよね
マジックマッシュルーム
コワイ
でもワライタケくってみたい…
たのしそう
ヒー ヒー
中毒性はないらしいから
えっ
デザートにもなる。
白キクラゲのシロップ煮
中華風
ひんやりつるりとキノコとは思えない
キノコっておいしくておもしろ～、

其ノ八

北欧料理

ヨーロッパ二大神話
北欧神話は

スカンジナビア半島
フィンランド
スウェーデン
ノルウェー
デンマーク
北欧というのは

オーロラや白夜があり、
幻想的
みてみたい
サウナ発祥
フリーセックス!!
福祉が行き届いていて、老後も安心
よい国ですね
キシリトールで虫歯も少ない
…らしいよ

北極に近いところです。
どんな食事をとっているんでしょう
担当カノウ
では、スウェーデンレストランへー
北欧スタイルー それは
ビュッフェ形式!!
これが北欧のおもてなし形式なのだ
んー、わたしビュッフェって苦手〜
一皿につい盛りあわせすぎて
なんかあせっちゃいますよね
あー
モトをとろうと
しかしここは「安い・食べ放題!」のビュッフェとは違うのだ。
コース料理の一皿ずつを選ぶつもりで盛り合わせて下さい
つまりー
「一皿目」
オードブル
魚料理
うなぎスモーク
卵ペースト
ますこ
ニシン酢づけ
ニシンのロール
ニシン料理だけでも7・8種類!

調理法は保存食っぽいですね
酢づけとか
スモークとか
【二皿目】オードブル肉料理
ソースとかペーストで味に変化をつけている
牛タンスモーク
ハムゼリー寄せ
ローストビーフ
【三皿目】メイン温料理
ハンバーグとか揚げミートボール
ミートボールこけももの ソース
魚のすりみ団子の煮込み
【四皿目】サラダ
キュウリサワークリーム
ビーツとニシンのサラダ
ゆで卵キャビアのせ
【五皿目】デザート
フルーツ
アップルクレアーモンドケーキ生クリーム添え
ビュッフェのこと「バイキング」っていうのはさ、
日本の某レストランがつけた名称なんだって
北欧流ってこと
バイキングとはもともとはスカンジナビアの海ぞくのこと
ふ〜ん
正しいビュッフェは、何十皿から選ぶ楽しさと、
フルコースの充実感があるのだね

其ノ九 スペイン料理

サグラダファミリア
スペインを旅した時に
心に残った食べ物――
「パン・コン・トマテ」
パンに生トマトを
すりつけた
もの。
ぜんぜん
おいしく
ないのに
ぐしゅ
どの店でもでてくる
ポピュラーな食べ物
だった
「パエージャ」
中華ナベみたいな
フライパン
スペイン版炊き込み
ごはん。日本では
「パエーリヤ」と
発音することが
多いけど。
何がおいしいというか
もう「バール」の
「タパス」が楽し
かった！
水のように
安いワインと

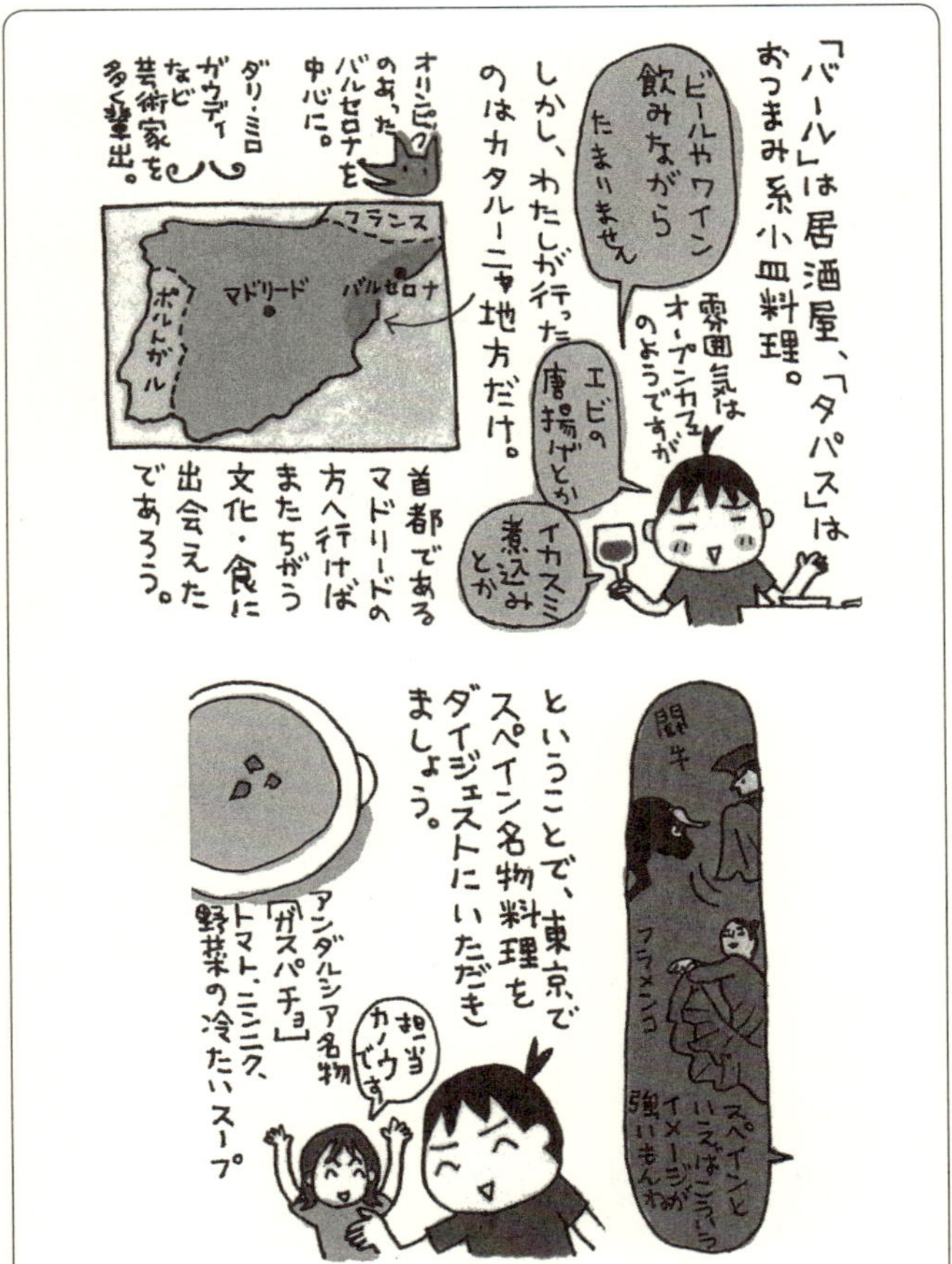
「バール」は居酒屋、「タパス」はおつまみ系小皿料理。
ビールやワイン飲みながらたまりません
雰囲気はオープンカフェのようですが
しかし、わたしが行ったのはカタルーニャ地方だけ。
エビの唐揚げとか
イカスミ煮込みとか
首都であるマドリードの方へ行けばまたちがう文化・食に出会えたであろう。
フランス
バルセロナ
マドリード
ポルトガル
オリンピックのあったバルセロナを中心に。
ダリ・ミロ ガウディなど芸術家を多く輩出。
スペインといえばこういうイメージが強いもんね
闘牛
フラメンコ
ということで、東京でスペイン名物料理をダイジェストにいただきましょう。
担当カノウです
アンダルシア名物「ガスパチョ」トマト、ニンニク、野菜の冷たいスープ

マッシュルーム
セゴビア風
オリーブオイル
ニンニク
たっぷりの
炒め煮っぽい
タパス。
ウナギの稚魚
ビルバオ風
白魚みたい
牛ミノの
煮込み
マドリード
風
もつ煮
スペインの
ワインはリオハや
カヴァ、手軽で
おいしいもの
が多い。
「サングリア」
ワインを
オレンジ
などで
割ったもの
甘くて
さわやかなので
ぐいぐいのめちゃう
「パエージャ」はバレンシア
名物。魚介だけじゃなく
トリ肉やエスカルゴを
入れたりする。
サフラン風味
オリーブオイルや
ニンニクを使って
いるけれど、どれも
味付けはあっさりめ
でなじみやすい
です。
ワインが
すすみます〜
気さくに
わいわい
食べるのが
似合いますよね

其ノ十 ギリシャ料理

GREECE

神話の国ギリシャ。ヨーロッパ最古の文明を持ち、約三千年の歴史の面影を今に残す。

一度は行ってみたいですよねえ
古代ロマン…

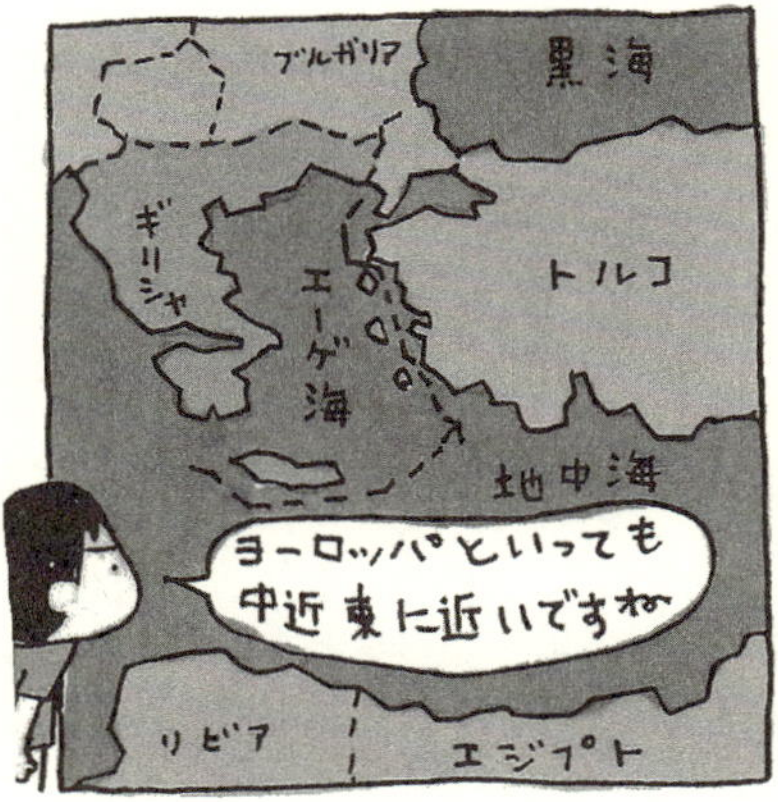
ブルガリア
黒海
ギリシャ
エーゲ海
トルコ
地中海
ヨーロッパといっても中近東に近いですね
リビア
エジプト

ギリシャはエーゲ海、地中海に面した気候のいい土地で、夏のバカンスに人気があるそうだ（欧米人の）。
そういえば村上春樹の「スプートニクの恋人」の舞台はギリシャの美しい小島だった
せつない物語…
遺跡めぐりもよし。太陽と海にたわむれるもよし。
担当カノウ
食べ物はどうなんですかねぇ
旅行したことのある人に食事についてきくと、
なんでもオリーブオイルがたっぷりで
いやあ
ムネやけする
といって
おなかこわすん多いみたい
W.C
逆に
あのオリーブの香りがたまんなくて
というんもいるが
ま、オリーブの産地なんですね。
ギリシャの女神アテナが槍で大地を突いたところ、オリーブの木が生まれたという伝説もある。
えい
ドスッ

[ギリシャ料理]
いろいろ
パンにつけてたべる
[サラダ]
フェタチーズ
羊のチーズでしょっぱい
オリーブの実
トマトやレタス
[タラモサラダ]
タラコとジャガイモだから「タラモ」じゃないんですね
れっきとしたギリシャのもの
ギリシャではイモを使わずオリーブオイルとパンでペースト状にすることも
[ムサカ]
ナスのミートソースグラタンといったかんじ
[スブラギ]
牛肉串焼き、そう、シシカバブと一緒。→
(トルコ料理)
味つけはわりとシンプルで、食べやすいです
魚介のフリットなど海辺の土地ならでは
飲み物は松ヤニ入りの白ワイン。
樟脳のようなふしぎな後味。
現地でのむとスッキリしていておいしくかんじるらしい
んー

其ノ十二 ロシア料理

ロシアというと、
旧ソ連
バレエや体操がすばらしい
コマネチ
が、社会主義国のイメージがあるので厳しく固いような・・・
どうなんだろう
チェルノブイリの原発事故の印象も強い。
おそろしいことです
いまだに土地放射能量は減っていないとか
ーなんか暗いなあ。
・・・・しかし食事をみると

この国はあたたかく、豊かな文化と生活をもっていることがわかる。
イクラ
にしんの酢漬け
ロシアは高級食材キャビアの名産地だ
チョウザメの卵
イクラはサケの卵
水ぎょうざ「ペリメニー」
バターソースでたべる
羊の串焼き「シャシュリーク」
北欧を思わせますね
モンゴル料理っぽい?
これってトルコ風だ
とにかく広大な国ロシア。他国文化との交流も多いのだ。
でっかいなあー
大ざっぱな地図
ロシア
ヨーロッパ圏
アジア圏
アラブ圏
日本
んー?
ロシアならではのおいしいものもあります。

つぼ焼きシチュー
パンのふた
ほかほかシチュー!!
これらのあったかいかまど料理!!
「ペチカ」ってロシア民謡知ってる?
「ペチカ」はロシアの家庭のかまどのこと
ペチカ♪もえるよ
ロシア名物「ボルシチ」
肉の煮込み。赤い色はビーツという野菜から。
かぶみたいなビーツ
サワークリームでまろやかに
おなかにやさしくじんわりあたたまります
ポピュラーなスナック「ピロシキ」
カレーパンみたいな肉づめの揚げパン
紅茶にはジャムをたっぷり入れて、甘〜いロシアンティー。
おいし〜い
お酒は「ウォッカ」。アルコールの強い酒。
ロシア人はこれをグラス一気のみする
カッ
ゴク
燃えるよう。
極寒のロシアではこれをどんどん飲んでもアルコールはすぐ抜けちゃうんだって。
ポッ

中華料理

其ノ一 薬膳

先日、薬膳料理を
食べた。
中華がベースだ。
担当カノウ
おいしいですねー
何が入っているんですか
どんな効用が？
えーあー
日本語が通じない本場の人
コースだったのだが…
↑ただの春巻きにみえる
ただのエビチリ？
ただの肉マン？
ただのアンニンドウフ？
なんなの？！
？

薬膳とは「医食同源」に基づく
料理である。
「薬」というと、どうも
味覚的に良い
イメージがないし、
特殊な食品と
考えてしまうけれど、
漢方ではショウガやシソ
だって立派な薬なんだしね。
薬膳は別に特別な料理ではない
のかもしれない。
あー
うー
ニガッ
クサッ
ずら〜〜っ
でもさ、その薬膳の店はアヤし〜い生薬のビンが並べられていた。
ほとんどの食べ物に何らかの効用があるらしい。
たとえば
サフランは生理不順
ブイヤベースとかに使うやつ
ストレスにはクルミ
ラムチョップ
羊肉は冷え症に効く。

その他にもー
うう のみすぎ〜〜
肝臓がつかれてる
レバーをたべる
うっ 胃が
キリキリ
ガツをたべる
というように、体内の悪いところに対して動物の同じ部位を摂取すれば良い。
これも薬膳といえる。
胃には胃を くは ハムラビ法典
レバー、モツ大好き
正しい知識をもって食事をすれば、フツーのゴハンも薬になるのだね。
薬膳の店を出てー
あの料理、なにに効くんでしょうねー
うーん
なんかフにおちなかったけれど
とにかく
「良薬は口に苦し」とかいうけれどおいしくなくちゃ食事はたのしくない。結論
うまけりゃいいのだ
ケンコウなココロとカラダ

中華 其ノ二

中華料理とひとくちに言いましても、いろいろありまして――
食は広州に有り、の広東料理
辛い四川料理
マーボードウフとか
河北だとか湖南とか
調理法もいろいろ、素材もいろいろ――
とにかくあれだけでかい国
飛ぶものはヒコーキ
歩くものはニンゲン
四つ足は机
→コレ以外はなんでもたべるらしい。
ハッハッハ
すごい
そんなバラエティーに富んだ中華ですが、ふつう「中華」っていうと、

大人数でテーブルを囲む形態だと思うのですが、
わーい
ゴーカだなー
いかにも宴会というセッティングですよねえ。
この回るテーブルわくわくする
各々がとりわけるって
けっこう気も使うし
のみものはビールか紹興酒
ワイワイとにぎやかにやる食事です。
なのでデートとかには向かないのでは？
二人で中華を食べると二、三皿でおナカいっぱいになるのでくやしい。
げぶーっ
もう くえない
で、近頃人気なのがフレンチスタイルのチャイニーズ。
おめかしして行きましょう
担当カノウ
いやーオドロキです。

これが中華?!
という盛り付け。
アミューズ
にんじんのムース
ステーキ
5cmくらい
もちろん
一人分ずつ
皿がださ
れる。
ナイフと
フォークでたべる
フカヒレの
姿煮
う、美し
すぎる…
味付けのベースは
たしかに中華だが…。
のみものはワイン
ソムリエもいる
ワインに中華、
よく合います
中華も使い分けの
時代、ということ
なのかも。
でもここは
中華料理屋じゃ
ないですよね〜
フフフ
ハハハ
うーん
すごい
大食い……
なんかちょびっと
ずつでマンゾク感
がない〜〜

其ノ三 楽しい飲茶!?

春が近づいてきて うれしいですね
さむいの ニガテ
パーッと華やかな気分になりたい ですねぇ〜
いい ですね!
担当カノウ→
飲茶なんてどうです?
オシャレで 楽しい
え
えっ って
飲茶キライなんですか?
いや、キライじゃないけど
ま、行きましょうか
で、飲茶でディナー。
キレイで広い チャイナレストラン
ビール下さい

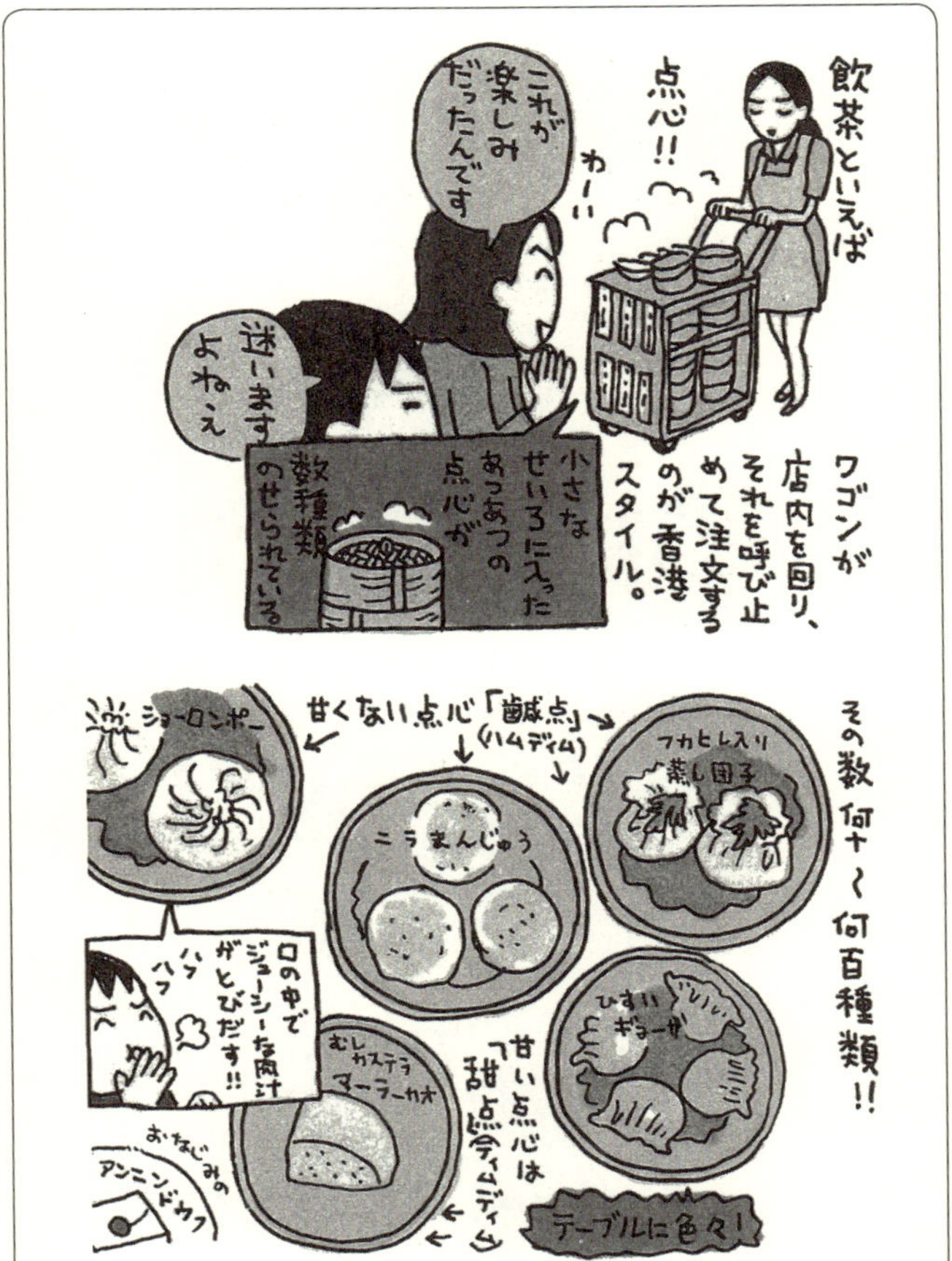
飲茶といえば
点心!!
わーい
これが楽しみだったんです
迷いますよねぇ
ワゴンが店内を回り、それを呼び止めて注文するのが香港スタイル。
小さなせいろに入ったあつあつの点心が数種類のせられている
その数何十〜何百種類!!
甘くない点心「鹹点」(ハムディム)
フカヒレ入り蒸し団子
ニラまんじゅう
ショーロンポー
口の中でジューシーな肉汁がとびだす!!
ハフハフ
ひすいギョーザ
甘い点心は「甜点」(ティムディム)
むしカステラ マーラーカオ
おなじみのアンニンドウフ
テーブルに色々!

さいしょは
おいしい！
ビールにも合うし！
でも、だんだん—
あきてくる…
お茶下さい
お茶は数種類からえらぶ
ポットサービス
—飲茶というのは本来、軽食、おやつの時間のことなのです。
酒で食べる、食事がわりは邪道!!
お茶と点心二種が、本場、広州の標準的な飲茶！
食事の時は、つまみ、前菜的に食べないと、点心ってちまちましていて
マンゾクできない！
—ということになる。
ギョーザとか
シューマイ
どれも粉料理だし
いくら種類が多くても…
昔は飲茶をする茶楼って男の人だけのものだったんだって。
今のワゴン、ポットのサービス形式は第二次大戦後からなんだとか。
モダンなのだ
食事に堅苦しいルールは必要ないけれど、
T.P.Oは大切よね。
TIME PLACE OCCASION

エスニック料理

其ノ一 焼肉

わたしはどちらかというと
「魚食派」なんだけど、
ときどき

今日は肉ーーっ

という気分になる。
あの肉の焼ける匂い、コウフンします。

ーーそれは太古からの人類の
記憶だという……。

火をおこす
肉を焼く
たまらんっ
くーっ

だからといって、ただ肉を焼けばいい
わけじゃない。
うまい焼肉とは――
店の雰囲気はたいした問題じゃない。
かえってオシャレなお店より、
あやし～い店の方がうまかったり
する。

ルーツが韓国だから、店に
フシギなハデさ
があったり
……

ともかく
重要なのは味だ(アタリマエ)。
良い肉であるのはもちろん、焼肉の
うまさのヒミツはタレにあるので
はないかと思う。

シオも
ただ
シオだけ
ではない
(タン)
レモン汁
つけて
こってりとしたタレ
(ハラミ)
タレのさらりとしたもの
(カルビ)
サンチュ(レタス)に
包んで
あーむ

あれを焼く音、匂い、
口中に広がる味……
考えただけで
ヨダレが…
ちなみにロースターについては
無煙のものでもいいのだけれど、煙もうまさのひとつなので気にせずに。
炭火はフンイキあるけど火の調節がむずかしいことがある。
ボー…
七輪→
げっ
あと、焼肉屋のたのしみはサイドメニュー。
生肉のある店は肉のいい店
センマイ刺
レバ刺
カクテキ！
それから〜
シメの冷めん、ビビンバのうまさも重要です。
石焼きビビンバ
石鍋におしつけるようによーくまぜる
ジュー
ジュー
ん〜
このおこげがたまらん
ガムをかみながら帰る
まんぞく〜

其ノ二 アフリカ料理

暑い夏の食事といえば——
ちる〜
冷たいソーメンとか
こういうものになりがち
ひ〜っ かっれ〜
ホットなカレーとか
そして
食欲もおこらない〜
氷だけたべていればいいや〜
なんてコトになったり。
そんな時にはちょっと目新しい食べ物に挑戦してみる。
よくわからないけれどアフリカン!!
夏だし
ウンババ!!
?

アフリカと いえども広い。
今回はエチオピア料理を。
東京に ただ一軒 らしい
暑い国の料理って、甘さも辛さもキョーレツ、という印象があったのだけどーー
まろやか味
なんだかインドっぽいけれどスパイス使いがちがう。
サモサ
中は豆系ペースト
見た目カレー
シチュー
パンが独特。
ふかふかの布のような
インジェラ
パウンドケーキ型
ダボ
せんぜん辛くない!
担当・カノウ
…粟のような穀物粉で作られているとのこと
これにのせてシチューなどたべる

その他で、アフリカ！という料理はダチョウ肉の串焼き。
鳥類というより、獣肉の（牛肉みたいな）味がします
赤身肉なの
料理に合わせるワインは南アフリカ産。リーズナブルでおいしい。大かた満足なのだが——
食後はデザート
←クラムケーキ
←コーヒー
こういう食事の仕方って本式じゃないよね
ヨーロッパ式
このあつくも冷たくもないおおらかな味わいはアフリカの木かげで楽しみたい気になります。
エチオピアのトラディショナル→は一皿盛りらしい

其ノ㊂ 韓国料理

さぶーい季節です
わたしはとても寒がりで冷え症なのです。
足なんてシモヤケできる
これには唐辛子が効くんですよ
くつしたのつまさきに
ガーゼでくるんだ唐辛子をぬいこむ
わはは一 あったかい一 ふしぎ一
※めんどうなのでめったにやらないんだけど
すごいぞ唐辛子パワー
食べれば体の内からポカポカになれる。
キズロにふれるとやけるようなイタさ
ヒーッ
て
——だから

冬は韓国料理。と、いえば
↑コレが代表的です
焼肉
が、
他にも
うまい
ものがいっぱい。
あとはキムチ ビビンバ 冷めん とか？
（しかも唐辛子豊富）
東京新宿にはコリアンロードと呼ばれる区域があって
韓国料理屋が多く点在する
日本語がよくつうじない店員
とりあえずビール
さて、なにくおうかな～
ポピュラーな辛い漬物、キムチだって「辛い」だけじゃない。
白菜、大根、キュウリや青菜のキムチ
調味料として、ニンニク、塩辛・ニラ・ネギ 数種類の唐辛子などが入る
複雑な味わい
各家庭によって調味料の調合がちがうらしい
日本のぬかづけの韓国版。

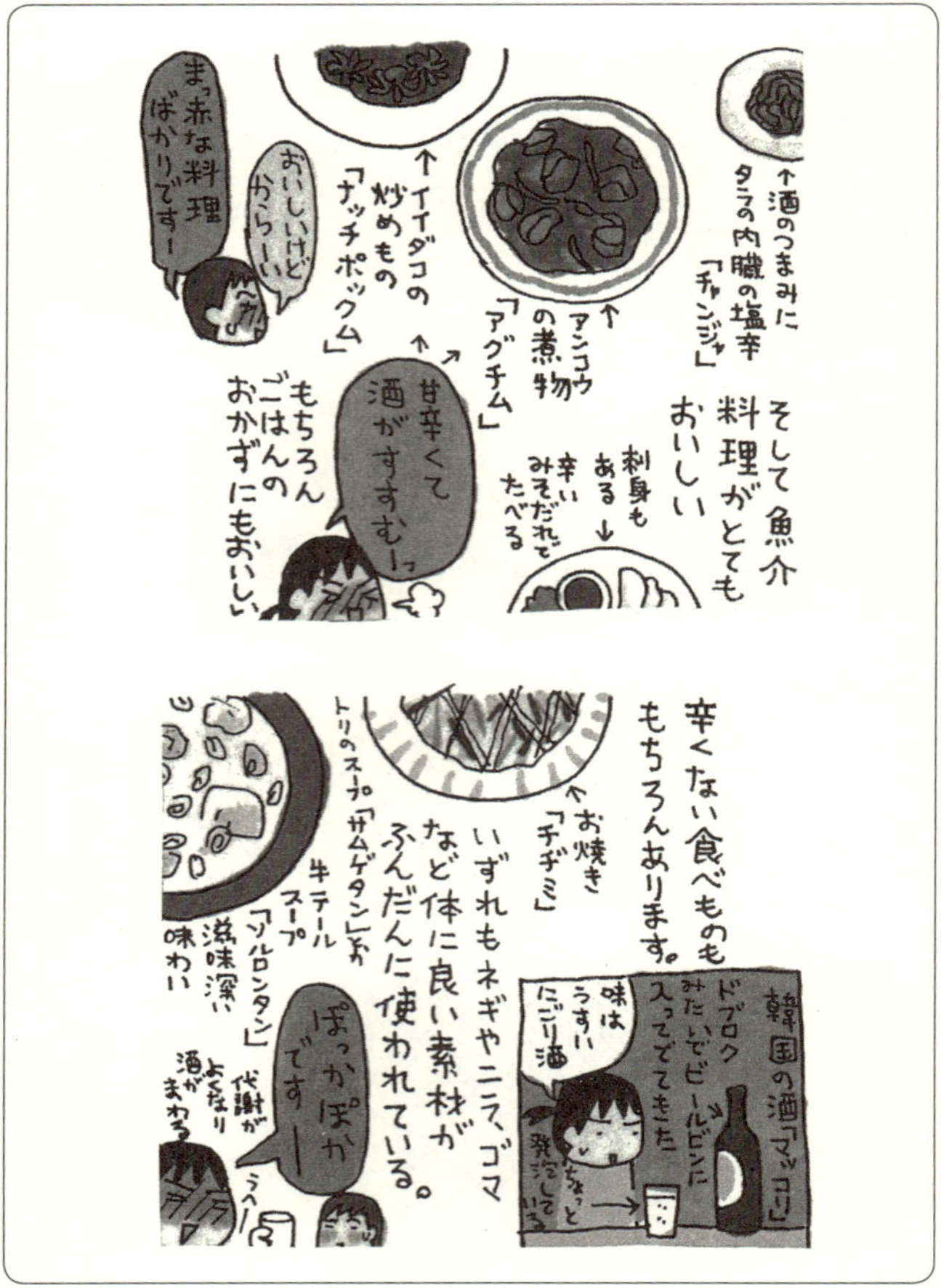
↑酒のつまみに
タラの内臓の塩辛
「チャンジャ」
そして魚介
料理がとても
おいしい
刺身も
ある↓
辛い
みそだれで
たべる
↑アンコウの煮物
「アグチム」
↑イイダコの
炒めもの
「ナッチポックム」
甘辛くて
酒がすすむーっ
もちろん
ごはんの
おかずにもおいしい
おいしいけど
からーい
まっ赤な料理
ばかりです！
辛くない食べものも
もちろんあります。
韓国の酒「マッコリ」
ドブロク
みたいでビールビンに
入ってでてきた
味は
うすい
にごり酒
ちょっと
発泡している
↑お焼き
「チヂミ」
いずれもネギやニラ、ゴマ
など体に良い素材が
ふんだんに使われている。
トリのスープ「サムゲタン」や
牛テール
スープ
「ソルロンタン」
滋味深い
味わい
ぽっかぽか
ですーー
代謝が
よくなり
酒がまわる
ういー

其ノ四 ベトナム料理

ベトナム!! いいですね〜
なに食べてもうまい〜 やすい〜
オオタガキさんは行ったことあるんですよね
いいな〜
担当カノウ
イモ虫とかネズミもくったよ
ゲッ
中国
ラオス
タイ
カンボジア
ベトナム
ベトナムはこういう位置にあるので、周囲の国の影響も受けているのですが、
フランス領だったという歴史も持っているので
エスニックのイメージ カラ〜イ よりもライトでさわやかなテイストの料理
スパイシ〜?

東京にはベトナム料理をたのしめる店が、けっこうあるのでうれしいですね
さあ、行こう
しかしアジア系の店って独特のフンイキがありますよね
向こうのアイドルのポスター
民芸品おきもの
やる気なさそうな外国人店員
ま、味がよければすべてよしだよね
ですよね
メニュ
333
ベトナムビール
ベトナム料理にはビールが合う
さてと
メニュ
ベトナムは米の粉を使った料理が多い
春巻の皮ライスペーパー
生春巻大好き!!
外せない一品です!
皮はパリッ中は具だくさん
[バインセオ]
ベトナムお好み焼き
[チャージョー]
揚げ春巻
親指ぐらいのミニ春巻
いただきまーす
あ

こうやって野菜でくるんで
レタス・しそ・キュウリなど
他にミントも合う
タレにつけて
バインセオも同じく
こうやる方がおいしいし、生野菜もたくさん食べることになるでしょう
生春巻はウチでつくると楽しいよ
水にくぐらせたライスペーパー
豚肉うすぎり・エビ・春雨・もやし・しそ・ミント・ニラ・サラダ菜など
タレはヌクマムとか使うと本格的だけど、一味を混ぜた酢みそもいける
手巻き寿司感覚で包みながら食べる
パーティとかにもいいかも
そしてシメに食べたいのが米のめん「フォー」。
さっぱりした汁ビーフン
これも上に生野菜たっぷり
ごちそうさまー

其ノ五 トルコ料理

「日本女性はトルコにハマる」って知っていました?
はァ?
日本のサツバツとした日々につかれた心と体・・・
エキゾチックな風景
心温まる人々・・・
トルコに一人旅して向こうでケッコンするヒト、とても多いんだって
なぜ?
担当カノウ
へー
ところでトルコってどこにあるんですっけ
あのね〜
ヨーロッパ
アジア
アフリカ
アジアとヨーロッパの中継点的位置

芸術的な織物も有名ですね
食べ物は？
トルコジュータン
食べ物は——
こんなかんじなんです
たべましょう
「メゼ」というペースト状の前菜盛り合わせ
ナス・ホーレン草とか、どれもヨーグルト和えで同じ味
うーん
グチョグチョ
「エクメック」ピタパンみたいな平焼きパン
そしてトルコ名物
「ドネルケバブ」
牛肉のあぶり焼き
スライスする
受け皿
ごはんもついてボリュームたっぷり
「ドルマス」オリーブ油で蒸し煮した前菜
これはナスの肉詰め
トルコはイスラム圏なのでブタ肉を食べてはいけない

オリーブ、トマト
ピーマン…素材は地中海っぽいけど調理はアラブ風なかんじ?
そうそう
でもわたしたちはこんなに飲み食いしてますが
さっぱりトルコビール
かるい赤ワイン
水を加えると白くにごる強い酒「ラク」
甘い香り
トルコでは女性が外食したり、酒を飲んだりすることをよく思わないそう。
女は家を守るべき
宗教的なきまり事も多く(断食とか)、たいへんかも。
えーっ
わたしは生活できません
ま、お楽しみは甘いデザート
ってことで
「ライスプリン」ごはん入りでもっちりしている
「からいアイス」
ぱくっ
あまいですよ
……
とうがらし風味なんです
カーッ
からーっ
そしてトルココーヒー
どろりとした粉っぽいコーヒーです。

其ノ六 エジプト料理

子供のころ、憧れませんでした?
ミイラ
古代神話
ピラミッド
砂漠
などのロマンに!!
一度は訪ねてみたい国ですよね。
でも〜
なにかモンダイが?
時間とお金が——
ああ。
ところで、エジプトの食べ物ってどんなのでしょう?

…豆とか?
エジプト豆ってあるよね
マメ?
他には?
……
エジプト考古学の某先生が専門レストランをつくったらしいのでそこへー
いきましょう!
お店はまったく洋風レストラン
おしゃれなかんじ
まずはビールもおねがいします
はい
説明文をみないとメニューがわからないね
エジプトっぽいものをたのんでみましょう
「ステラビール」
ミイラのマスク
ブルーのラベルのエジプト産ビール
濃い目の色でやわらかいのみくち
「トルシイ」やさいのピクルス
ビーツも入っている
「ゲブナ」ミルクのチーズ(あっさり味)
生ハム

↑ゴマペーストをつけてたべるパン
「エイシ」
ピタパンみたいな袋状になったパン
クレオパトラも食べたという、クミン風味の
「モロヘイヤ・スープ」
ミント風味のターメリックライス添え
「カバーブ・ヒィナァナァ」
仔羊のシシカバブ
この料理！
この味！
トルコ
ギリシャ
地中海
エジプト
地中海文化の影響をうけあっているんですね
ギリシャ・トルコに似てたべやすい
ところで、
店員さん
エジプトワインってないんですか？
現地にはおいしいものがあるんです
でも輸入状態がわるくて
日本じゃオススメできないですねー
ますますーー
行ってみなければね!!
エジプト。

其ノ七 ネパール料理

ネパールってどんなところなんでしょう
なんとなく憧れるんだけど
テレビや本の中でしか知りません
ヒマラヤの山々に抱かれた神秘の国。
高地の素朴な田園風景
象もいるジャングル
チベット仏教
ヒンドゥー教
仏塔
あれ?

なんかゴチャ!ゴチャ?イメージが……
それもそのはず。
ここがネパール
中華人民共和国
チベット自治区
インド
隣接する国の文化の影響をうけているからなんですね。
(チベット系とインド系)
ということは食べ物も?
ネパール料理ってなじみないですよねー
担当カノウ
で、ネパール料理いろいろ
[モモ]
ショウロンポウみたいな形の蒸しギョウザ
[トゥクパ]
汁そば
見た目は中華っぽい

味は——
ややスパイシー
羊肉、香菜の香りが
チベットを思わせる。
「パニール
ギュウマサラ」
モツァレラチーズみたいな自家製チーズをカレー風ソースで和えてある
「ジャレコ
ダル」
豆カレー
「プーリ」
平べったい揚げパン
こんなのは
インド風
にみえる
インド料理より
だけどスパイスをおさえたシンプルな味。
ヒンドゥー教だから牛肉は使わない。
お酒は
「チャン」という
米のどぶろく
アルコール低め
というように、
他文化に似ている
部分もある。
けれど、その素朴な
やさしい味わいは、
たしかにネパール的なものであります。
ふー
「チャイ」
ミルクで煮出した紅茶

其ノ八 タイ料理

夏
日射しが容赦なく照りつけ、気温は上昇、汗はダラダラ。
こんなときは
HOTな食べ物で熱を発散
COOLなビールで水分補給
といきたいですね

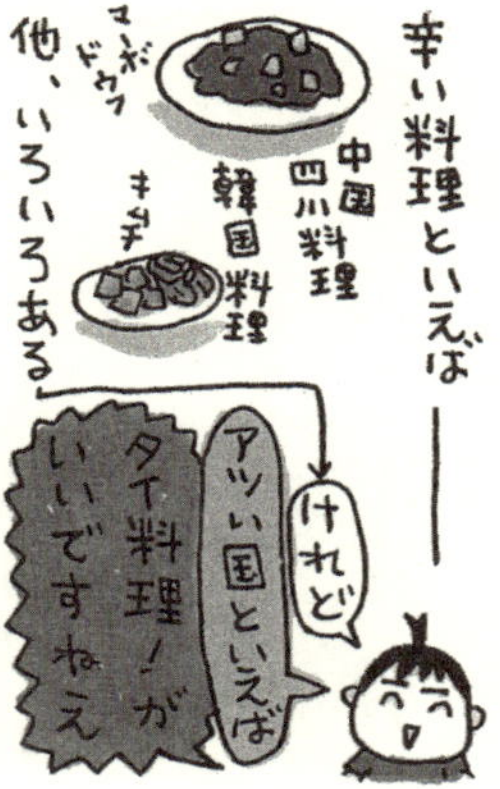
辛い料理といえば——
中国四川料理
マーボドウフ
韓国料理
キムチ
他、いろいろある
けれど
アツい国といえば
タイ料理!がいいですねえ

あのナンプラーの香りと熱気がたまりません
また行きたい
暑いけれど爽快なんですよね
東京にもタイ料理の店いっぱいありますけど
担当カノウ
タイ旅行経験アリ
ナンプラーとはタイの魚のしょうゆ
タイ料理は辛酸甘鹹
辛くて
すっぱくて
甘くて
しょっぱい
そしてアジアンハーブの香り
パクチー
香菜
みかんの香りの葉
バイマックルー
カー
しょうがに似ている
タクライ
レモンの香りの葉
など
そんな複雑で繊細な味わいのタイ料理の代表といえば
トムヤンクン
「トムヤム」とは辛くて酸っぱいスープ、「クン」はエビの意。
世界三大美味スープの一つといわれています

タイは東南アジアの一国
中国
ビルマ
ラオス
ベトナム
タイ
カンボジア
マレーシア
どことなく日本人にもなじみやすくなつかしい味。
カイヤッサイ↓
野菜とひき肉入りのオムレツ
↑トートマンプラー
スパイシーなさつまあげ!!
ココナッツの香りが南国的。
グリーンカレー
↑ゲーンキョウワン
グリーンは青唐辛子の色!!
辛レ〜
ココナッツミルクがまろやか
タイカレーにはサラサラのタイ米がよく合う
やみつきになります
辛いものはすっごく辛いけど
から〜!!
ソムタム
青いパパイヤのサラダ
タイでも東北地方は辛味が強いらしい
すっきりしているタイのシンハービール↓
タイはまったく

おいしいものを食べるのはうれしい。
新しい味覚に出会うのはたのしい。
――とにかく「食べる」ことが好き。

東京に住んでいると、全国各地、世界各国の名物・代表的料理店が集まっているので便利なように思います。しかし数あるってことはピンキリで、

さてナニをたべよう

ん〜これが本格的な味なのか？
客をだましていないか？

ウワサや口コミはけっこう当てにならないこと多いし、

名店だってわるーい態度
なにこの金額!!

ウマイ店に出会うのってカンとかウンが必要かも。

だからこの本はグルメガイドではないです。

そもそもわたしグルメじゃないし

「食」をおいしくするのは「食べる意欲」次第。それは食へのイマジネーション、あるいは好奇心。

多少くさっていても食べられる
エヘン!

例えばテレビのラーメン特集観ると
究極のダシ!
たまらなくなって
ラーさんっっ
ラーメンッ
ラーメンたべたい!!
近所のショボイ中華屋でとりあえず
満足!!
ズゾ
グルメより食の欲求!

それが旺盛なヒトが
つまり「くいしんぼ」。
で、くいしんぼのわたしの
好奇心をつめたのが
『くいしんぼマニュアル』。
そういう本です。

二〇〇一年十一月　大田垣晴子

文庫版 あとがき

『くいしんぼマニュアル』は
わたしにとって初の
「食」テーマの本でした。
食べること、とにかく
好きなので楽しく
描かせていただきました。

そして今も、食にまつわる
仕事をけっこうやっています。
食の世界って幅が広く
奥も深い。
日々の進化もめざましく、
興味が尽きなくて——
相変わらず「くいしんぼ」です。

二〇〇七年 十二月 大田垣晴子

大田垣さんと食事をご一緒させていただいたことが何回かある。その時、本当に美味しそうに食べている姿が印象的だった。次々と出される料理を、自然なリズムで一口一口味わっていく様子を見ていると、小柄でスリムな方なのに、かなりの健啖家であることもわかってきた。さらに、食べることが芯から好きなんだ、ということを、満面の笑顔が如実に示していた。

そういう大田垣さんには、食べ物（飲み物）をテーマにした本が、この『くいしんぼマニュアル』以外に、『焼酎ぐるぐる』（二〇〇三年）、『きょうのごはん』（二〇〇五年）、『キリンビール大学 超人気講座　ビールでいただきます！』（二〇〇七年）と三冊ある。意外に少ないように思われるかもしれないが、これ以外の、いろんな本の中に、かなりの頻度で食べ物話、お酒話が登場することは、大田垣ファンの皆さんはご承知だと思う。

二〇〇三年に創刊した大田垣さんの個人編集雑誌「〇［オー］」を覗いてみても、「シェリー酒」「名古屋グルメ」「ホッピー」「ギョーザ」「スウィーツ」「粉でつくる」「東京もんじゃ」「豆」などなど、食べ物ネタの特集も多い。さらに、大田垣さんは、食べることが好きなだけではなくて、料理することも大好きなようで、「3時のおやつ6時のおつまみ」や

解説

好きこそものの上手なれ

松田哲夫 編集者

「みんなでいつものおうちでごはん」といったレシピや写真付きのコラム連載も並んでいる。

「みんなでいつものおうちでごはん」は大田垣さんの家で開かれるお食事会のレポートだが、これらの会は、雑誌のために企画したものではない。それ以前もそれ以後も、かなりの頻度で開かれているようだ。何年か前に、大田垣さんの絵の展覧会があったが、その一隅にこのお食事会のレシピや案内状が展示されていた。仕事でもないのに、ていねいに絵を描いていることと、そこに並んでいる料理の品数の多さに驚いた。ああ、この人は、絵を描くことと料理して食べることが大好きなんだなあと感嘆したものだった。

こういう大田垣さんにとって、この「くいしんぼマニュアル」という連載（月刊「まんがライフ」一九九七年十一月号〜二〇〇一年二月号）は楽しいものだっただろうと思う。でも、本になったかたちでいえば、一項目三ページという限られたスペースで、それぞれの料理の特徴を表現するというのは、なかなか大変な作業だったのではないかとも推察される。

しかし、こうしてまとまった本を読んでいると、そういう苦労がまったく感じられない。この本には、世界の各国・各地域の料理がいろいろ

2007年2月19日
“祝！新美術館「押忍！」展示終了”
と書かれたメニュー

紹介されているが、それぞれの項目は、自在なアプローチで描かれ、的確にポイントがおさえられていく。まさに「美味しいところ」だけを、手際よく提供してくれているのだ。

その国や料理についての一般常識から入ったり、旅行したときの経験や友人の話から入ったり、ちょっとした蘊蓄から入ったり、体験ルポから入ったりと、導入だけでも多彩なアプローチが見られる。

たとえば、「北欧料理」でいえば、まず地図を示して、次に「オーロラ」「福祉」「キシリトール」「サウナ」「フリーセックス」と北欧のイメージを列記する。イラストなので、大田垣さんの知識や先入観をユーモラスにコンパクトに読者に伝えることができる。イラストエッセイの強みだ。続いて、大田垣さんが、スウェーデン・レストランで体験したことが報告されていく。本来の「ビュッフェ形式」の楽しみは「選ぶ楽しさ」と「フルコースの充実感」にあるということを、具体的な料理の絵によって紹介されるのだ。「バイキング」という呼び方のルーツも、さりげなく教えてくれる。これだけの情報量がたった三ページに収まっているというのは、考えてみるとすごいことだ。

そして、大田垣さんの語りかける調子が、「こうあるべき」といったグゴールデンウィーク後半です！

・ながらみ
・にんじんゴマ和え
・大根葉炒め
・シメサバ・大根甘酢づけ
・キスとカサゴ唐揚げで
・サバみそゴボウ
・ちんげんさい煮びたし
・風干し豚
・ごはん 松葉こんぶ
・空心菜炒め
・とうふスープ セロリ風味 サバ出汁で
・カラスミ？
・いんげんくたくた煮
・ニラおひたし

2007.5.3.

2007年5月3日
"ゴールデンウィーク後半です！" メニュー

ルメにありがちな頑なさとは無縁なのは、読者には嬉しい。だからといって、ただニュートラルに報告しているわけではない。「これはイヤ」とか「自分は好きではない」といった気持ちもハッキリ示す。いい意味での頑固さもかいま見えて、大田垣さんの視線や評価が信用できると思わせられるのだ。

だから、未知の料理であれば、興味をそそられるし、格好のガイドにもなる。かなり知り尽くしているつもりの料理の場合でも、「ナルホド」と思わせてくれるポイントが必ずある。そういう意味では、通から初心者まで、どういうお客さんが来ても、美味しく味わってもらえる料理のような本なのだ。

ところで、情報量ということでいえば、イラストの力が大きいことは言うまでもない。ここに掲載されている料理の絵はモノクロで、一見、さらさらっと描かれたように見える。しかし、一度でも食べたことがある料理の場合、この絵を見ていると、ありありとその姿が蘇ってくるだろう。それだけのイメージ喚起力があるのだ。

例えば、寿司の項目で、とり貝、ひらめ、イカ、イワシ、ウニ、甘エビ、トロと並んでいる絵を見ていただきたい。さっぱりした描線なが

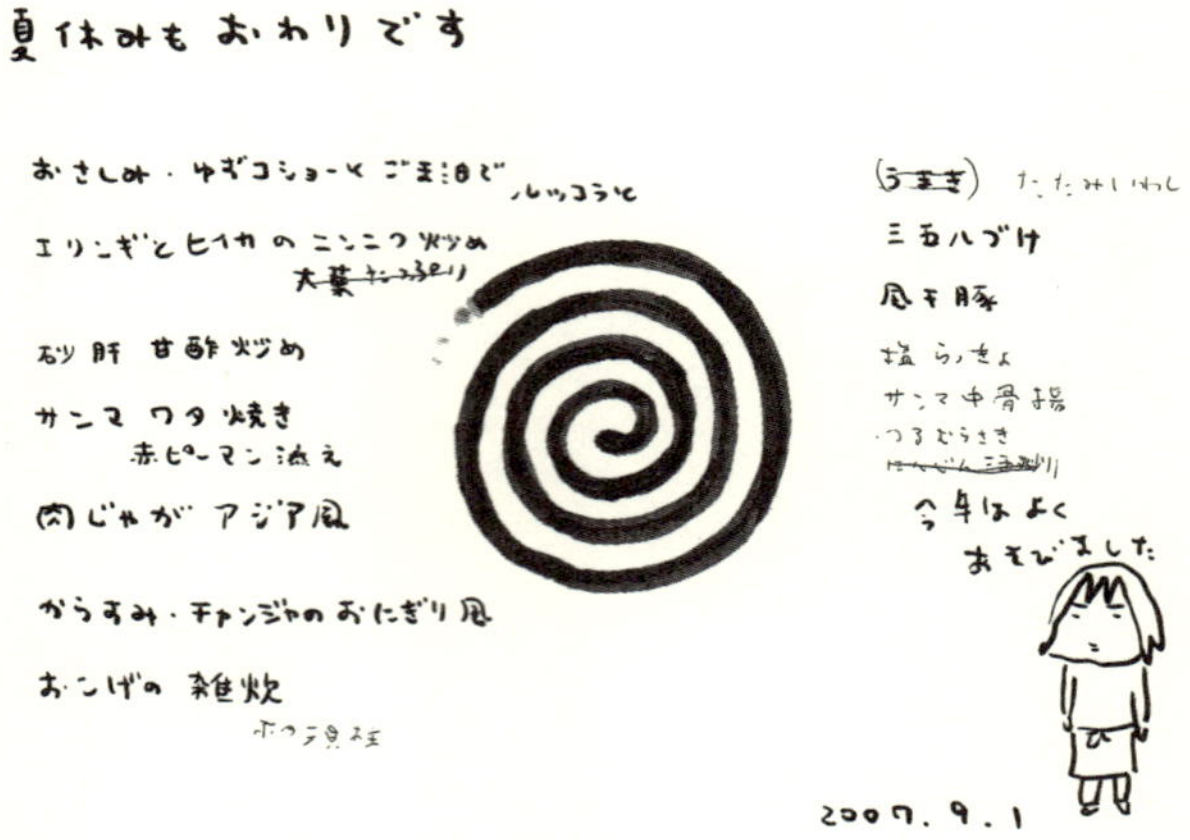
夏休みも おわりです
おさしみ・ゆずコショーとごま油で
ルッコラと
エリンギとヒイカの ニンニク炒め
大葉たっぷり
砂肝 甘酢炒め
サンマ ワタ焼き
赤ピーマン添え
肉じゃが アジア風
からすみ・チャンジャのおにぎり風
おこげの 雑炊
(うまき) たたみいわし
三五八づけ
風干豚
塩らっきょ
サンマ中骨揚
つるむらさき
今年はよく
あそびました
2007.9.1

2007年9月1日
"夏休みもおわりです" メニュー

ら、見事にそれぞれの特徴を表現している。やはり、大田垣さんの食べ物に対する眼差しの注ぎ方が尋常ではないということを、こういう絵を見るたびに感じさせられてしまう。

「好きこそものの上手なれ」とはよく言ったものだと、ことわざの奥深さに感心させられた一冊だった。

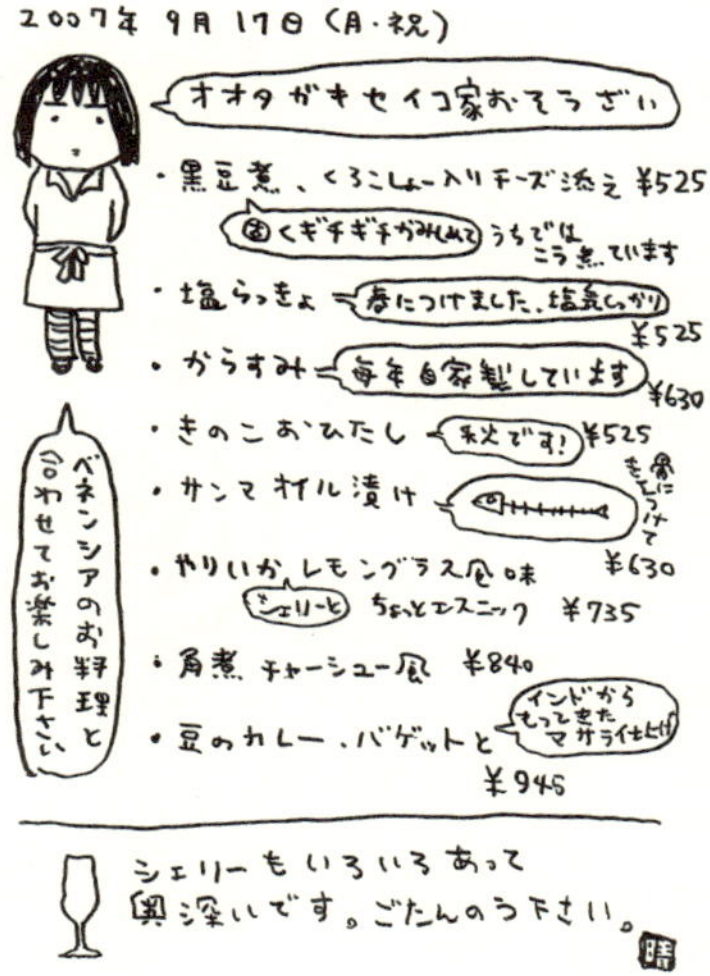

2007年9月17日
〝オオタガキセイコ家おそうざい〟メニュー

くいしんぼマニュアル

2008年2月29日　初版第1刷発行

著者　大田垣晴子

発行人　横里隆

発行　株式会社メディアファクトリー
〒104-0061　東京都中央区銀座8-4-17
電話0570-002-001　03-5469-4830(編集部)

印刷製本　大日本印刷株式会社

ISBN978-4-8401-2173-6　C0195

この作品は月刊『まんがライフ』（竹書房　1997年11月号〜2001年2月号）に連載された大田垣晴子「くいしんぼマニュアル」をまとめた単行本（竹書房2001年12月刊）を文庫にしました。ジャンル扉、文庫のためのあとがき、カバーは描きおろしです。